마주 보는 *세계사 교실*
02

비단길이 번영을 이끌다

웅진주니어

마주 보는 세계사 교실 | 02 | 비단길이 번영을 이끌다

초판 1쇄 발행 2008년 3월 20일
초판 51쇄 발행 2023년 3월 28일

글쓴이 최진열 | 그린이 서영아, 김수현
발행인 이재진 | 도서개발실장 안경숙 | 편집인 이화정 | 책임편집 김상미
아트디렉터 이은영 | 디자인 김세진
기획 장산곶매, 길유진 | 편집 이길호, 엄수연, 신미경 | 교열 이효진
마케팅 정지운, 박현아, 원숙영, 신희용, 박소현, 김지윤 | 제작 신홍섭

펴낸곳 (주)웅진씽크빅
주소 경기도 파주시 회동길 20 (우)10881
문의전화 031)956-7403(편집), 031)956-7088, 7569(마케팅)
홈페이지 www.wjjunior.co.kr | 블로그 blog.naver.com/wj_junior
페이스북 facebook.com/wjbook | 트위터 @wjbooks | 인스타그램 @woongjin_junior
출판신고 1980년 3월 29일 제406-2007-00046호 | 제조국 대한민국

ⓒ 최진열, 2008 (저작권자와 맺은 특약에 따라 검인을 생략합니다.)

ISBN 978-89-01-07916-5
ISBN 978-89-01-07496-2(세트)

웅진주니어는 (주)웅진씽크빅의 유아 · 아동 · 청소년 도서 브랜드입니다.
이 책은 저작권법에 따라 보호받는 저작물이므로 무단전재와 무단복제를 금지하며,
이 책 내용의 전부 또는 일부를 이용하려면 반드시 저작권자와 (주)웅진씽크빅의 서면동의를 받아야 합니다.

잘못 만들어진 책은 바꾸어 드립니다.
※주의 1_책 모서리가 날카로워 다칠 수 있으니 사람을 향해 던지거나 떨어뜨리지 마십시오.
      2_보관 시 직사광선이나 습기 찬 곳은 피해 주십시오.
웅진주니어는 환경을 위해 콩기름 잉크를 사용합니다.

마주 보는
세계사 교실

02

비단길이 번영을 이끌다

최진열 글 서영아, 김수현 그림

웅진주니어

글쓴이의 말

유목민이 주도한 교류의 시대

이번에 들려줄 이야기는 3세기에서 9세기 사이에 일어난 일들이야. 이 시기에는 크게 두 가지 특징이 있었어. 하나는 유목민들이 역사의 주인공으로 등장했다는 점이고, 다른 하나는 이전보다 아프리카와 유럽, 아시아 대륙의 교류가 활발해졌다는 점이지.

이전 같으면 유목민들은 농경민들을 괴롭히는 성가신 존재일 뿐이었어. 농경민들이 1년 동안 애써 농작물을 거두어 놓거나 물건을 만들어 놓으면, 유목민들은 농경민들의 도시와 마을에 쳐들어와서 사람을 죽이고, 식량과 물건을 빼앗아 갔어. 그런데 2~3세기부터 북아시아의 유목민들이 여러 가지 이유로 이동을 시작하여, 다른 민족과 제국들에 영향을 끼쳤단다. 이때 중국과 로마 제국은 초원의 유목민들과 게르만 족의 이동과 침략에 알맞게 대응하지 못해서 결국 무너지고 말았어. 이주해 온 유목민들과 게르만 족은 처음에는 농경민들과 갈등을 겪었어. 하지만 차츰 서로 결혼하고, 문화적으로 영향도 주고받으면서 어울려 지내게 되었어.

유목민들의 이동 때문에 아프로유라시아, 즉 아프리카, 유럽, 아시아 대륙 사이에 교류가 활발해졌어. 유목민들은 농경민들보다 개방적이었고, 아프로유라시아 곳곳에 대한 정보도 많이 가지고 있었지. 이들은 이 정보를 잘 이용할 줄 아는 지혜를 발휘했단다. 이게 무슨 말이냐고? 유목민들은 각 지역의 농경민들과 유목민들이 필요로 하는 물건이 무엇인지를 알고 있었어. 그래서 그것들을 사고팔 생각을 했던 거야. 북아시아와 중앙아시아를 지배했던 돌궐과 위구르, 서남아시아와 북아프리카를 지배했던 이슬람 제국의 지배자들은 중국과 유럽, 인도, 아프리카를 잇는 교역로를 지배했을 뿐만 아니라 무역을 장려했단다. 그 때문에 아프로유라시아 각 지역에서는 자신들에게 부족한 물자와 문화를 받아들이며 문명을 화려하게 꽃피워 갔어. 교류가 확대되면서 육로뿐만 아니라 바닷길로도 무역이 활발하게 이루어졌어. 말하자면 '상품과 문화의 세계화'가 진행된 거지.

아프로유라시아 대륙 사이에 교류가 활발해지자, 문화도 많이 주고받게 되었지. 종교를 예로 들면, 불교와 크리스트 교, 이슬람 교가 대륙의 각 지역으로 퍼졌단다. 고대 시대에는 특정 문명권 안의 사람들만 자신들의 종교를 믿었어. 그런데 이 시기에 이르러서는 정복과 무역, 선교 등 다양한 방법을 통해 여러 종교가 다른 문명권에 전파되었어. 몇몇 종교는 성질이 매우 다른 문화와 언어, 민족이라는 장벽을 뚫고 다른 문명권에 사는 사람들의 종교가 되기도 했어. 불교, 크리스트 교, 이슬람 교 등은 인도와 이스라엘, 아랍 사람들만 믿던 민족종교에서 다른 민족들도 믿는 세계종교로 화려하게 변신했단다. 이것은 '종교의 세계화'라고 부를 수 있겠구나.

선생님은 너희가 이 책을 읽고 역사를 단지 과거의 일이라 여기지 말고, 그 속에서 세상을 살아가는 데 필요한 지혜와 교훈을 얻을 수 있기를 바란단다. 메마른 사막이라는 자연환경에 굴하지 않고, 오히려 아프로유라시아 대륙의 교통 중심지라는 지리적 이점을 이용해 교역에 힘써 부를 쌓은 아랍 사람들처럼 말이야.

2008년 3월 최진열

차례

1 민족 대이동과 새로운 시대

유목민의 대이동 10 클릭! 역사 속으로 | 유럽을 떨게 한 아틸라 23

북중국에 자리 잡은 유목민 24 클릭! 역사 속으로 | 인도 승려 달마와 선종 33

유럽 역사의 새로운 주인공 34 클릭! 역사 속으로 | 켈트 족의 왕, 아서 45

굽타 제국의 발전과 변화 46 클릭! 역사 속으로 | 인도의 천재 수학자, 아리아바타 55

아, 그렇구나 | 새로운 문화가 나타나요 56

2 안정을 되찾은 아프로유라시아

로마와 페르시아를 잇는 두 제국 60 클릭! 역사 속으로 | 용감한 황후, 테오도라 73

이슬람 제국의 등장 74 클릭! 역사 속으로 | 무함마드와 이슬람 교 87

중국을 다시 통일한 수와 당 88 클릭! 역사 속으로 | 중국에서 하나뿐인 여황제, 무측천 99

중앙아시아의 유목 제국들 100 클릭! 역사 속으로 | 늑대의 후예들, 돌궐 109

아, 그렇구나 | 자꾸 자꾸 생겨나는 도시 110

3 아프로유라시아의 교류와 발전

세계와 어우러진 동아시아 114   클릭! 역사 속으로 | 달을 사랑한 천재 시인, 이백 125
이슬람 세계의 번영 126   클릭! 역사 속으로 | 하룬 알 라시드와 『아라비안나이트』 137
활기를 띤 바다 비단길 138   클릭! 역사 속으로 | 인도와 동남아시아를 여행한 의정 147
아프리카 대륙의 발전 148   클릭! 역사 속으로 | 에자나와 아프리카 기독교 157
크리스트 교 세계의 확대 158   클릭! 역사 속으로 | 유럽 기사의 본보기, 롤랑 171

아, 그렇구나 | 교역로가 쭉쭉, 이어지는 세계 172

4 아메리카 문명의 발진

다양한 북아메리카 문명 176   클릭! 역사 속으로 | 시애틀 추장이 보낸 편지 181
중앙아메리카 문명의 번영 182   클릭! 역사 속으로 | 옥수수로 인간을 만든 마야의 신 191
남아메리카의 여러 문명들 192   클릭! 역사 속으로 | 나스카 거대 그림의 비밀 199

아, 그렇구나 | 열린 문명, 닫힌 문명 200

연표 202

찾아보기 204

200년–500년

1

민족 대이동과 새로운 시대

문명이 시작된 뒤로 사람들은 크게 두 가지 모습으로 살았어. 한곳에 머물러 살면서 농사를 짓거나, 떠돌아다니면서 가축을 기르는 것이었지. 이들을 정주 농경민과 유목민이라고 한단다.

　정주 농경민들은 높은 수준의 문명을 자랑했어. 아무래도 한곳에 머물러 사는 게 문자를 비롯해 복잡한 제도, 다양한 기술을 만들어 내는 데 유리했거든. 반면 유목민들은 그렇게 복잡하고 다양한 문명을 일구지는 못했지만 유목 생활에 필요한 나름의 독특한 문명을 발전시켰단다.

　유목민들은 늘 물자가 부족해 이리저리 다니면서 정주 농경민 세계를 공격하거나, 교역을 해서 필요한 것들을 장만했어. 그러면서 정주 문명 지역의 다양한 문화를 흡수해서 새로운 문화를 만들고, 때로는 퍼뜨리기도 했단다.

　그런데 유목민들은 2세기 무렵부터 정주 농경민들의 세계로 몰려들었어. 앞선 문명을 자랑하던 정주 문명 세계가 크게 흔들리기 시작했거든. 그러면서 유목민과 정주 농경민의 세계가 어우러진 새로운 질서가 만들어진단다.

유목민의 대이동

기원전 6세기 무렵부터 아시아와 유럽의 정주 문명 지역에는 거대한 제국들이 나타나기 시작했어. 그 가운데 대표적인 것은 중국의 한과 지중해의 로마 제국이야. 이 제국들은 기원전 2세기 무렵부터 200~300년 가까이 아시아와 유럽에서 이름을 떨쳤어.

하지만 이 두 제국도 점차 힘을 잃어 갔고, 그러는 사이 주변의 유목민들이 앞 다투어 이들 나라로 몰려들었단다. 그러면서 유목민이 역사를 이끄는 새로운 시대가 열렸어. 그 모습을 함께 살펴보자꾸나.

| 유목민이 농경 세계를 위협하다 |

아시아 대륙 북쪽에는 끝이 안 보이는 벌판이 펼쳐져 있어. 그 벌판은 우리나라 북쪽의 만주에서 출발해 동유럽에 닿기 전까지, 7000킬로미터가량 이어진단다. 이곳은 비가 적게 와서 큰 강도 없고, 비옥한 땅도 찾기 힘들어. 여름엔 뜨겁고, 겨울엔 영하 50도까지 내려가는 추위가 닥쳐오지. 그래서 농사짓는 것은 엄두도 낼 수 없어.

하지만 이곳에도 아주 오랜 옛날부터 사람이 살았어. 그들은 양이나 소, 산양, 낙타 같은 가축을 길렀어. 가축들이 주변의 풀을 다 뜯어먹었거나 계절이 바뀌어 풀이 나지 않으면, 풀이 난 곳을 찾아 옮겨 가야 했어. 천막집을 접고, 얼마 안 되는 짐을 챙겨 말 등에 실으면 그것으로 이사 준비는 끝이야. 이렇게 가축을 기르며 옮겨 다니며 사는 사람들을 '유목민'이라고 불러.

유목민들은 넓은 땅 여기저기에 흩어져서 살았어. 그래서 유목민들은 기원전 700년 무렵부터 말을 길들여 타고 다녔어. 또 안장, 재갈, 등자 같은 말 다루는 도구들을 개발했지. 덕분에 유목민들은 말 위에서도 거침없이 활을 쏠 수 있었어.

그 뒤 유목민들은 농경민의 마을에 쳐들어가 양식과 생필품 따위를 빼앗아 올 수 있었어. 농경민들은 유목민들보다 먹을거리, 갖가지 물건과 재물 따위를 풍족하게 지니고 있었지만, 싸움에서는 말을 탄 유목민들에게 밀렸어. 물자가 부족한 유목민은 살아가기 위해 더 빨리 움직이고, 더 머리를 쓰고, 더 열심히 싸워야 했단다. 유목민들은 말을 타고 중국, 인도, 페르시아는 물론 멀리 유럽까지 휩쓸고 다녔어. 그러면서 순식간에 정주 농경민의 물건을 빼앗고는 불을 지른 뒤 바람처럼 사라졌어.

그렇다고 유목민이 늘 싸움만 일삼고, 농경민을 못살게 굴었던 것은 아니야. 먹을 것이 넉넉할 때는 농경민과 평화롭게 지내며 물건을 맞바꾸고, 서로 기술을 가르쳐 주고 배웠어. 그래서 가축을 기르는 법, 말을 다루는 법, 요구르트, 바지나 치

아시아의 초원 지역을 지배한 흉노는 중국의 여러 나라와 어깨를 겨루며 강력한 세력을 떨쳤다. 흉노의 우두머리인 선우는 이동이 가능한 거대한 천막 궁전에 살았는데, 그 주변에는 흉노 전사와 가족들이 사는 수십 개의 크고 작은 천막이 있었다.

등자이다. 말을 탈 때나 달릴 때 필요한 도구이다.

즈 같은 것들이 유목민들을 통해 농경민들에게 전해지기도 했단다.

또 유목민들은 아시아 초원 지역을 손바닥처럼 꿰뚫고 있어서, 상인들이 오갈 때 길 안내를 맡기도 하고, 도적들로부터 보호해 주는 일도 했어. 이렇게 여러 나라 상인들과 만나는 가운데 유목민들은 다양한 문화를 접했단다. 새로 익힌 문화는 유목민이 오가는 길을 따라 세계 곳곳으로 퍼져 나갔어. 그러는 사이에 유목민들은 힘을 키워서 나라를 세우기도 했어. 특히 흉노 사람들은 커다란 제국을 만들었단다. 그럼, 이제부터 흉노의 이야기를 들려줄게.

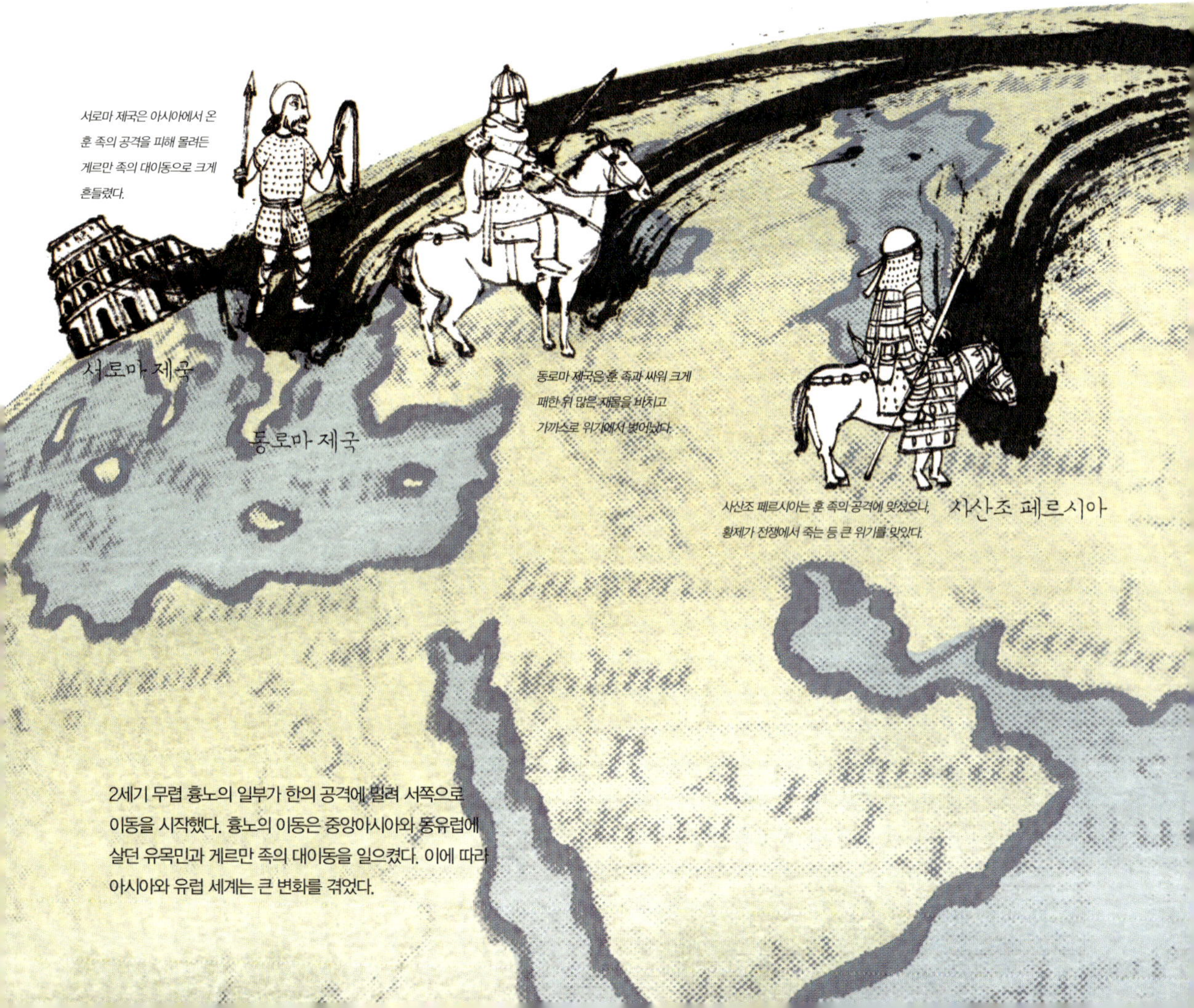

서로마 제국은 아시아에서 온 훈 족의 공격을 피해 몰려든 게르만 족의 대이동으로 크게 흔들렸다.

서로마 제국

동로마 제국

동로마 제국은 훈 족과 싸워 크게 패한 위 많은 재물을 바치고 가까스로 위기에서 벗어났다.

사산조 페르시아는 훈 족의 공격에 맞섰으나, 황제가 전쟁에서 죽는 등 큰 위기를 맞았다.

사산조 페르시아

2세기 무렵 흉노의 일부가 한의 공격에 밀려 서쪽으로 이동을 시작했다. 흉노의 이동은 중앙아시아와 동유럽에 살던 유목민과 게르만 족의 대이동을 일으켰다. 이에 따라 아시아와 유럽 세계는 큰 변화를 겪었다.

기원전 4세기쯤 몽골 초원에 흉노가 나타났어. 그들은 기원전 3세기 초에 묵특이라는 지도자를 중심으로 뭉쳐 강력한 흉노 제국을 건설했어. 묵특이 이끄는 흉노 군대는 끊임없이 중국 국경을 넘나들며 약탈을 일삼았어. 중국을 처음 통일한 진의 시황제는 만리장성을 쌓아서 흉노를 막으려 했지.

하지만 흉노의 공격은 그칠 줄 몰랐어. 그리고 진이 망하고 한이 세워질 무렵, 흉노는 한의 군대와 맞붙어 크게 이긴 뒤로 해마다 많은 비단과 쌀 따위를 가져갔지. 그런데 기원전 133년, 이번에는 흉노가 한의 군대에 크게 지고 말았어.

초원에 살던 흉노는 한때 중앙아시아 초원 대부분을 차지하는 대제국을 세우고 세력을 떨쳤다.

흉노의 일부는 한의 공격을 피해 서쪽으로 이동했다. 그 뒤 동유럽에 훈 족이 나타나 게르만 족과 동로마와 서로마 제국을 뒤흔들었다.

쿠샨 제국은 훈 족의 공격으로 힘이 약해졌고, 그 뒤 사산조 페르시아에 무너졌다.

쿠샨 제국

중국

흉노의 일부는 중국 땅으로 들어가 정착했고, 나중에 진을 무너뜨리고 흉노 국가를 세웠다. 그 뒤 중국에는 유목민이 지배하는 북중국과 한족이 지배하는 남중국이 서로 경쟁하는 시대로 접어들었다.

그 뒤 흉노의 힘은 크게 약해졌지. 그리고 2세기 무렵, 흉노가 사는 초원 지역의 기온이 내려가고 비가 적게 내리기 시작했어. 그러자 풀이 자라는 초원 지대가 줄어들었지. 흉노 부족들 사이에 더 좋은 초원 지역을 차지하려는 다툼이 심해졌어. 그 결과 고비 사막을 사이에 두고 흉노는 둘로 나뉘었단다.

"흉노가 서로 다투는구나. 지금이 비단길을 손에 넣을 좋은 기회다."

한의 황제는 흉노가 나뉘어 싸우는 틈을 타서 대규모 군대를 보내 공격을 했어. 이때 고비 사막 남쪽의 흉노 사람들이 한과 손을 잡겠다고 나섰어. 그 바람에 고비 사막 북쪽의 흉노는 위기에 몰렸어. 그들은 결국 중앙아시아 초원을 벗어나 서쪽으로 피했단다.

서쪽으로 간 흉노들은 어떻게 되었을까? 아쉽게도 아무도 몰라. 흉노 사람들은 문자가 없어서 기록을 남기지 않았어. 그래서 흉노 사람들 이야기는 중국이나 다른 나라 사람들이 기록한 것을 보고 알 수 있는데, 흉노가 서쪽으로 떠난 뒤로는 어디에도 기록이 남아 있지 않기 때문이야.

그런데 200여 년 뒤 러시아 초원에 훈 족이 나타났어. 러시아 초원은 흉노가 옮겨 간 서쪽 방향이야. 그리고 '흉노'와 '훈'은 발음이 비슷해. 또 당시 훈 족의 모습을 묘사한 로마 사람들의 기록을 보면 흉노와 아주 닮았단다. 우연이라고 하기엔 참 희한한 일이지. 그래서 학자들 가운데는 흉노와 훈 족을 같은 무리로 보는 사람도 있어.

어쨌든 훈 족 가운데 한 무리는 남쪽으로 내려가 인도의 쿠샨 제국을 무너뜨리고, 서아시아의 사산조 페르시아까지 공격해 위기에 빠뜨렸어. 또 훈 족의 다른 무리는 오늘날의 동유럽에 큰 제국을 세우고, 게르만 족을 공격했어. 게르만 족은 훈 족을 피해 서로마 제국 쪽으로 몰려갔단다. 그리고 서로마 제국을 휩쓸고 다니며 곳곳에 자신들의 나라를 세웠어. 얼마 뒤 서로마 제국은 게르만 왕국들에게 시달리다가 결국 무너지고 말았지.

이처럼 중앙아시아에서 시작된 흉노의 대이동은 훈 족의 등장과 함께 게르만 족을 비롯한 여러 민족의 대이동을 불러왔어. 이 때문에 아시아와 유럽의 농경 세계는 크게 뒤흔들렸고, 마침내 고대 세계가 막을 내렸단다. 자, 이제 계속해서 유목민들이 새로운 시대를 열어 가는 모습을 살펴볼까?

| 흉노가 북중국을 차지하다 |

앞에서 흉노의 일부가 한과 손을 잡았다고 했지? 그 뒤로 어떻게 되었을까? 그들은 한을 도운 공을 인정받아 중국 땅에 자리 잡을 수 있는 기회를 얻었어. 그리고 한의 황제로부터 많은 황금과 비단, 솜, 곡물 등을 받았어. 흉노의 우두머리는 변방의 수비대장이 되어, 다른 유목민이 중국 땅으로 쳐들어오는 것을 막았단다.

꽤 대접을 받은 것 같다고? 언뜻 봐서는 그래 보이지만, 속사정은 그렇지 않았어. 흉노 사람들은 늘 한의 감시를 받아야 했어. 흉노 사람들은 싸움을 잘했기 때문에, 한의 정부가 보기에는 언제 반란을 일으킬지 모르는 위험한 세력이었거든. 그래서 흉노 사람들은 조그만 잘못에도 무거운 벌을 받았어. 또 한족들에게 야만인이라며 놀림을 당하고, 차별을 받아야 했단다. 심지어 일부는 노예로 팔려 가기까지 했어.

그런데 2세기 무렵부터 한이 혼란에 휩싸였어. 조정에서는 황제 자리를 둘러싸고 권력 다툼이 일어났고, 관리들의 횡포는 점점 심해졌지. 거기다가 가뭄과 홍수 같은 자연재해까지 이어져, 많은 농민들이 배고픔에 시달렸어. 농민들은 먹을 것을 달라며 곳곳에서 반란을 일으켰단다. 그 가운데 가장 거셌던 반란이 '황건적의 난'이야. 머리에 누런 띠를 두른 황건적이 중국 땅을 휩쓸고 다니는 동안, 한 정부는 계속 밀리기만 했어. 이때 자신들의 군대를 거느리고 지방에서 세력을 떨치던 여러 장군들이 한의 정부를 도왔어.

그들은 황건적의 난을 진압한 뒤, 천하를 두고 자기들끼리 다투었지. 그 가운데 조조, 유비, 손권 세 사람의 힘이 가장 강했단다. 이들은 각각 위, 촉, 오 세 나라를 세워 밀고 밀리는 전쟁을 거듭했어. 이 시기를 '삼국 시대'라고 해. 삼국 시대에 세 나라는 여러 차례 큰 전쟁을 벌였고, 전쟁이 거듭되는 동안 많은 사람이 죽고, 다치고, 뿔뿔이 흩어졌지.

그러면서 병사가 부족해지자, 북중국을 차지한 위는 국경 지역에 살던 흉노 사람들을 끌어들여 강력한 기마 부대를 만들었어. 흉노의 기마 부대는

말타기에 능한 흉노 전사는 말 위에서도 활을 쏠 수 있었다.

전쟁터에서 큰 활약을 하며 이름을 떨쳤단다. 그러면서 흉노는 차근차근 힘을 키워 갔어. 인구도 아주 빠르게 늘어나 100만 명을 넘어섰어.

　삼국 시대는 20년 넘게 계속되다가, 위의 뒤를 이은 진이 다른 나라들을 무너뜨리면서 끝났어. 하지만 진도 곧 혼란에 빠졌단다. 황제의 친척들이 서로 황제의 자리를 차지하겠다고 난을 일으켰어. 이것을 '8왕의 난'이라고 한단다. 흉노 사람들은 그 틈을 노려 한족의 지배에서 벗어나 독립할 계획을 세웠어.

　"옛날에 우리의 조상과 한의 황제는 형제가 되기로 약속했었다. 그러나 그동안 우리는 찬밥 신세로 지내지 않았는가? 지금 세상이 어지러우니 독립해서 우리의 나라를 세우자!"

　흉노 사람들은 의논 끝에 옛 선우의 핏줄인 유연을 지도자로 떠받들었어. 선우는 흉노의 우두머리를 가리키는 말이야. 이때 유연은 자신이 유씨들이 세운 나라, 즉 한을 다시 일으키겠다며 나라 이름을 한으로 정하고, 흉노의 독립을 선언했지. 그런데 흉노 출신인 유연이 왜 한의 재건을 앞세웠을까? 그것은 유연이 스스로 한 황실의 후예라고 생각했기 때문이야. 예전 흉노 제국의 힘이 강했을 때, 한의 황실은 흉노의 선우들을 달래려고 여러 명의 공주를 선우에게 시집보냈지. 그 때문에 흉노의 선우들은 자신들의 몸속에 한 황실의 피가 흐른다고 생각했단다. 그래서 중국으로 옮겨 온 뒤로 한 황제의 성인 '유'를 자신들의 성으로

전차를 타고 싸우는 중국 한족 병사의 모습이다. 중국의 한족들도 기병 부대를 만들기는 했지만, 말이 부족해 흉노와 싸우면 거의 언제나 밀렸다.

사용했지. 이와 함께 당시 사람들은 분열과 잦은 전쟁에 지쳐서, 평화롭고 하나로 통일되어 있었던 한 제국 때를 그리워했어. 유연은 이러한 심리를 이용해 한족들의 지지를 끌어내려고 했어.

그렇지만 유연은 나라를 세운 뒤 불과 2년 만에 죽고, 유연의 아들 유총이 황제가 되었지. 유총은 대군을 이끌고 진을 공격했어. 311년에 진의 수도인 뤄양을 점령하고, 황제를 사로잡았단다. 이렇게 해서 흉노는 중국 문명이 시작된 황허 강 유역을 차지했지. 수도를 빼앗긴 한족은 아주 큰 충격을 받았어. 여태까지 중국은 다른 민족에게 정복당한 적이 없었거든. 한족은 흉노의 지배를 피해 앞 다투어 남쪽으로 내려갔어. 기록에 따르면 그 수가 100만 명이 넘었대. 일종의 민족 대이동이 일어난 셈이지.

이렇게 한족이 대규모로 양쯔 강 남쪽으로 떠나자, 북중국 황허 강 유역은 흉노를 포함해 갈, 저 같은 여러 호족의 차지가 되었어. 이들은 모두 흉노와 마찬가지로 위, 촉, 오가 다투던 삼국 시대부터 용병으로 활약하며 힘을 키운 유목민들이야. 그 뒤 중국 역사는 호족이 차지한 북중국과, 한족이 차지한 남중국이 서로 다투는 5호 16국과 남북조 시대로 넘어간단다.

여기에서 잠시 호족과 한족을 설명하고 넘어가야겠구나. 춘추전국 시대를 끝낸 진(秦)과 그 뒤를 이은 한, 그리고 삼국 시대를 끝낸 진(晉)을 거치는 동안 중국 사람들은 "우리만이 문명을 가진 민족이다."라는 생각을 하게 되었어. 그러면서 만리장성 바깥에서 살던 다른 민족들을 '호족'이라고 불렀어. 호족이란 예의와 도덕을 모르는 오랑캐라는 뜻이지. 호족은 대부분 중국 국경 밖 초원이나 산림 지역에서 수렵과 유목 생활을 하며 살았

동고트 족*
3세기 무렵부터 흑해 연안에 살았다. 훈 족의 지배를 받았으며, 훈 족을 통해 기마 문화를 받아들였다. 나중에 로마 제국을 무너뜨린 오도아케르를 몰아내고 동고트 왕국을 세웠지만, 552년에 비잔티움 제국에게 무너졌다.

어. 흉노를 비롯해 선비, 갈, 강, 저 등이 대표적이지. 이 가운데 갈은 흉노와 뿌리가 같고, 선비는 중국의 동북부에 살던 유목민이었어. 강과 저는 중국 서북부에 살던 유목민으로, 오늘날의 티베트 족에 속해. 반면 '한족'이라는 말은 나중에 호족들이 중국 땅에 들어와 살면서 원래 중국 땅에 살던 사람들을 부르던 말이었어. '한 왕조 시대 살던 백성'이라는 뜻에서 붙인 이름이지.

| 훈 족이 로마 제국을 흔들다 |

이번에도 흉노 이야기로 시작해야겠구나. 앞에서 한과 맞서 싸우던 흉노가 서쪽으로 옮겨 간 뒤 기록에서 사라졌다고 했지? 그러고 나서 유럽 역사에 훈 족이 등장했단다. 앞에서 이야기했듯이 서쪽으로 간 흉노가 곧 훈 족이라는 주장도 있어. 그게 사실인지 정확하게 알 수는 없지만, 당시 훈 족을 본 로마 사람들은 훈 족의 모습을 다음과 같이 묘사했어.

"큰 얼굴에 낮은 코, 튀어나온 광대뼈, 쏙 들어간 눈, 단단한 몸매, 짧은 다리를 지니고 있다."

어때? 아시아 사람의 모습을 묘사한 것 같지 않니? 이런 사실로 미루어 훈 족이 중앙아시아의 초원에 살던 아시아 유목민과 관련이 있는 것은 분명해 보이는구나.

훈 족은 등장하자마자 삽시간에 동유럽에 살던 동고트 족*을 굴복시켰어. 게르만 족의 한 갈래인 동고트 족은 사납고 용감하기로 이름이 높았지만, 말을 탄 채 활을 쏘아 대는 훈 족의 공격을 당해 낼 수 없었지. 그 모습을 본 다른 게르만 족들은 깜짝 놀랐어. 그들은 훈 족의 공격을 피해 부랴부랴 서로마 제국으로 도망쳤지.

이렇게 훈 족은 동고트 족을 몰아내고서, 우랄 산맥 서쪽부터 러시아와 동유럽의 초원 지대를 지배하는 강력한 유목 제국을 세웠어. 그러다가 5세기 초에는 지금의 동유럽 지역을 거의 정복했고, 서로마 제국과 만나게 되었어.

처음에 서로마 제국과 훈 제국은 나름대로 좋은 관계였단다. 훈 제국은 서로마 제국을 괴롭히는 게르만 족을 억누르고, 서로마 제국은 그 대가로 훈 제국의 황제에게 많은 공물을 바쳤어.

그런데 서로마 제국 황제가 여동생과 다투면서 문제가 생겼어. 여동생이 훈 제국의 왕 아틸라의 도움을 얻기 위해 아틸라에게 청혼을 한 거야. 청혼을 받아들인 아틸라는 서로마 제국의 황제에게 여동생의 지참금으로 제국의 절반을 달라고 했지. 하지만 서로마 제국의 황제는 지참금은커녕 여동생을 감옥에 가두어 버렸어.

화가 난 아틸라는 대군을 이끌고 서로마 제국을 공격했단다. 훈 제국의 기병은 순식간에 여러 도시를 불태우고, 많은 재물을 약탈했지. 그 기세가 얼마나 무서웠는지, 로마 사람들은 아틸라를 '신의 채찍'이라 부르며, 그 이름만 들어도 벌벌 떨었다고 해.

"우리가 신의 뜻을 따르지 않아서 신이 화를 내시는 거야. 아틸라는 신이 우리를 벌하려고 보낸 괴물임에 틀림없어."

아틸라의 공격을 견디다 못한 서로마 제국 황제는 게르만 족인 서고트 족과 손을 잡고 지금의 파리 북동쪽에 있는 카탈라우눔에서 치열한 전투를 벌였어. 이 전쟁에서 양측 모두 많은 병사를 잃어 가면서 싸웠지만, 승패는 결정 나지 않았어. 하지만 아틸라의 군대가 도나우 강가로 후퇴했기 때문에 아틸라의 패배라고 보는 사람들이 많아. 만일 아틸라가 이 전쟁에서 이겼다면 훈 족이 유럽 전체를 지배했을지도 모른단다.

그 뒤 아틸라는 군대를 정비해 다시 서로마 제국을 공격하려고 했어. 그런데 뜻을 펴지 못하고 453년에 갑자기 죽고 말았지. 전해 오는 이야기로는 새로 맞이한 게르만 족 신부에게 독살 당했다고 해. 영웅의 최후치고는 너무 허무하지?

아틸라가 죽은 뒤 그의 제국은 곧바로 무너지고, 훈 족은 러시아 초원으로 물러났어. 훈 족은 점차 다른 민족과 섞이면서 서서히 역사의 무대에서 사라졌단다. 이렇게 훈 족이 흔적을 거의 남기지 않고 역사에서 사라졌기 때문에 훈 족을 가볍게 지나치기 쉽단다. 그러나 사실 이들은 세계사에 큰 획을 그었지. 앞에서 살펴보았

게르만 족 가운데 하나인 반달 족이 로마를 습격한 모습을 그린 기록화이다. 훈 족의 공격을 피해 서로마 제국으로 도망친 게르만 족은 서로마 제국 곳곳에 자리 잡고 서로마 제국을 괴롭혔다.

교황 레오 1세가 로마를 침략한 아틸라에게 물러나라고 설득하는 장면을 그린 기록화이다.

듯이 훈 족은 200~300년에 걸쳐 아시아에서 이동해 와 동유럽 일대를 차지했어. 그래서 원래 그곳에 살던 동고트 족과 여러 게르만 족이 차례로 훈 족을 피해 대이동을 하게 되었어. 이때 훈 족에게 밀린 게르만의 여러 부족은 서로마 제국으로 옮겨 가서 곳곳에 왕국을 세우고, 더 기름진 땅을 차지하기 위해 경쟁했지. 이 때문에 가뜩이나 위태로웠던 서로마 제국은 더욱 흔들렸단다. 그런 혼란 속에서 서로마 제국은 게르만 족 출신 용병 대장의 반란으로 무너졌어. 이렇게 따지고 보면, 훈 족은 유럽이 고대를 끝내고 중세를 여는 데에 중요한 역할을 했다고 할 수 있지.

● 클릭! 역사 속으로

유럽을 떨게 한 아틸라

동로마 제국의 황제 테오도시우스 2세 앞에 한 남자가 말을 타고 나타났어. 그 남자는 말에서 내리지도 않은 채 우렁찬 목소리로 명령했지.

"앞으로 해마다 금 300킬로그램을 바치시오!"

날카로운 눈매에 다부진 몸매를 지닌 그는 훈 제국의 왕, 아틸라였어. 동로마 제국 사람 가운데 아무도 감히 아틸라의 뜻을 거스르지 못했어. 아틸라는 만족스러운 표정을 지은 채, 훈 족 병사들을 거느리고 자리를 떴어.

아틸라는 434년에 훈 제국의 왕이 되었어. 유목민인 훈 족은 사납기로 이름이 높아서, 유럽 사람들은 훈 족이라면 벌벌 떨었단다. 아틸라가 이끄는 군대가 도시를 한번 휩쓸면, 그곳은 끔찍한 약탈과 살인으로 완전히 황폐해졌지. 동로마 제국뿐 아니라 서로마 제국, 갈리아 지방 그 어떤 곳도 아틸라 군대의 적수가 되지 못했어. 유럽의 여러 나라들은 조공을 바치면서 평화 조약을 맺을 수밖에 없었지.

그런데 동로마 제국은 앞에서 아틸라와 한 약속을 지키지 않았어. 가만히 있을 아틸라가 아니었지. 아틸라는 군사를 일으켜서 동로마 제국의 많은 도시를 손에 넣었고, 결국 동로마 제국은 두 손을 들고 말았어. 그리고 지난번보다 세 배나 많은 양인 금 900킬로그램씩을 바치겠다는 약속을 해야 했지.

아틸라가 훈 제국을 다스렸던 기간은 10년 정도밖에 안 돼. 하지만 그동안 유럽 사람들을 얼마나 공포에 몰아넣었는지, 아틸라는 지금까지도 악명이 높단다.

그런데 인정사정없이 잔인한 것이 아틸라의 전부라고 생각하면 곤란해. 아틸라를 만났던 유럽 사람이 쓴 기록을 보면 이런 대목이 있어.

"부하들에게는 은 접시에 음식을 주고, 아틸라 자신은 나무 접시에 담아 먹었다."

이처럼 한편으로는 부하들을 아끼는 마음도 지니고 있었다는구나.

북중국에 자리 잡은 유목민

앞에서 보았듯이 초원의 유목민들은 아시아와 유럽 대륙의 고대 제국을 무너뜨리고, 고대 세계의 질서를 뒤흔들어 놓았단다. 그런데 고대 제국의 주인공은 정주 농경민이었어. 그랬으니 정주 농경민과 유목민의 사이가 좋을 리 없었지. 하지만 늘 미워하고 싸우기만 했던 것은 아니야. 자꾸 부딪치는 동안 상대의 좋은 점을 발견하기도 했는데, 그러면 그것을 배워 자기 것으로 만들어 갔단다. 그러는 사이 새로운 문화가 탄생했지. 유목민이 중국 땅에 들어와 나라를 세우고, 중국 역사의 주인공으로 떠오르는 과정을 알아보자꾸나.

| 여러 유목민이 중국 땅에 나라를 세우다 |

흉노가 진을 무너뜨리고 황허 강 유역을 차지하자, 중국 땅에 들어와 살던 갈, 강, 저 같은 다른 유목민들도 황허 강 유역으로 우르르 몰려들었어. 그 뒤 이들 유목민들은 때로는 한족과 손을 잡거나, 혹은 자기들끼리 번갈아가며 나라를 세웠단다. 그렇지만 그 나라들은 대부분 20~30년 정도만 유지되고 금세 사라졌어. 유목민들은 정주 농경민 사회를 다스려 본 경험이 별로 없었기 때문에 나라를 유지하는 게 쉽지 않았던 거야. 그래서 불과 100여 년 사이에 20여 개의 나라가 나타났다가 사라졌어. 이

북위 병사의 모습이다. 북위는 선비가 세운 나라로, 5호 16국 시대를 끝내고 북중국을 통일했다.

남북조 시대의 지도이다. 북중국을 차지한 유목민과 남중국을 차지한 한족들이 서로 대결하던 5호 16국 시대는 선비가 세운 북위가 북중국을 통일하면서 끝나고, 남북조 시대로 접어들었다.

중국 북쪽의 유목민과 남쪽의 한족 병사의 모습이다. 유목민과 한족 병사들의 모습은 서로 비슷해졌다.

시기를 다섯 호족들이 세운 16개의 나라가 다툰 시기라 해서 '5호 16국 시대'라고 불러.

그럼, 흉노의 지배를 피해 양쯔 강 남쪽, 즉 강남으로 밀려난 한족들은 어떻게 되었을까? 한족들은 오늘날의 난징을 수도로 삼고, 진을 잇는 나라를 세웠어. 이 나라를 동진이라고 불러. 동진 시대에 한족들은 강남을 개발하는 데 힘을 기울였어. 둑을 쌓아 습지를 기름진 땅으로 바꾸고, 발달된 농사법으로 벼농사를 지어 수확량을 크게 늘렸지. 그러면서 강남은 부유해졌고, 중국의 경제 중심지로 새롭게 떠올랐어.

이와 함께 강남에서는 귀족 중심의 세련되고 화려한 문화가 꽃피었단다. 새로운 예술 이론이 발달하고, 수많은 문장가와 화가들이 나타나 시, 서예, 그림, 음악, 춤 등 여러 분야에서 큰 발전을 이루었어. 이렇게 강남에서 발달한 귀족 문화는 훗날 당으로 이어져 찬란한 당 문화의 씨앗이 되었지.

그럼 유목민이 북중국을 지배하던 이 시기의 중국은 어떤 모습이었을까? 5호 16국 시대를 두고 "북방의 오랑캐가 중국을 어지럽혀 백성들이 큰 고통을 겪었다."고 평가한 역사가들도 많단다. 하지만 이것은 유목민에게 쫓겨 남쪽으로 밀려난 한족 편에서 바라본 시각일 뿐이야.

물론 이 무렵 중국이 어지러웠던 것은 사실이야. 한 말부터 전쟁이 잦았고, 짧은 기간 동안 잇달아 새로운 나라가 들어서고, 무너지기를 거듭했으니 당연한 일이지. 하지만 이 무렵 중국 땅에 나라를 세운 유목민들은 바람처럼 나타나서 필요한 재물을 약탈해 초원으로 돌아가던 이전의 유목민들과는 달랐어.

우선 용병으로 일하며 중국 생활에 익숙해진 그들은 초원으로 돌아가고 싶어 하지 않았어. 초원 지역은 다른 유목민들이 이미 차지하고 있었고, 초원에 비해 중국 땅은 덜 춥고 기름져 살기 편했거든. 그래서 이들은 한족을 무조건 괴롭히거나 약탈하지 않았어. 그보다는 한족의 마음을 사고, 나라의 힘을 키우려고 많이 노력했단다.

그 가운데 선비가 세운 북위가 439년에 다른 유목민 국가들을 무너뜨리고 마침내 북중국을 통일했어. 북위는 100여 년 동안 번영을 누렸지. 북위가 망한 뒤 동위, 북제, 서위, 북주 등이 잇달아 들어서는데, 이 나라들을 모두 합쳐 북조라고 불러.

북조의 황제들은 한족들이 만들어 놓은 제도나 문화 가운데 나라를 다스리는 데 필요한 것은 열심히 받아들였어. 또 한족이라도 능력이 있는 사람은 관리로 삼았고, 유목민과 한족이 결혼하는 것을 장려해서 나라를 하나로 만들려고 했단다. 그런가 하면 백성들의 생활을 안정시키기 위해 농사짓기나 누에치기에 필요한 시설 따위를 만들었어. 특히 북위의 황제였던 효문제는 수도를 남쪽인 뤄양으로 옮기고, 한족의 문화와 풍습을 받아들이는 데 많은 힘을 쏟았어.

한편, 한족이 자리 잡은 강남에서는 420년에 동진이 망하고, 송, 제, 양, 진(陳)이란 나라가 잇달아 들어섰지. 이 나라들을 남조라고 부른단다. 이처럼 유목민인 선비가 주도권을 쥔 북쪽의 왕조와, 한족이 중심이 된 남쪽의 왕조가 양쯔 강을 사이에 두고 대립하던 시기를 '남북조 시대'라고 해. 남북조 시대는 수가 중국을 다시 통일한 6세기 초까지 계속되지. 남북조 시대에는 진취적이고 소박한 북조의 유목민 문화와, 화려하고 세련된 남조의 한족 문화가 어우러지면서 중국 문화는 더욱 다양하고 풍부해진단다.

| 유목민이 중국의 생활 문화를 바꾸다 |

어떤 나라든, 어떤 문명이든 외부와 영향을 주고받거나 교류하지 않고는 문화를 다양하게 발전시킬 수 없단다. 중국 문화가 외부의 영향을 가장 많이 받은 시기가 바로 5호 16국과 남북조 시대야. 물론 유목민들이 북중국을 차지하고 여러 나라를 세웠기 때문에 그들의 문화가 자연스레 퍼진 점도 있지만, 이 무렵 북중국의 상황이 농사에만 매달릴 수 없었던 것도 중요한 이유 가운데 하나란다.

앞에서 이야기했듯 중국은 한 말부터 농민 반란이 여기저기서 일어났고, 한이 무너진 뒤에는 삼국 시대, 5호 16국 시대로 이어지면서 오랫동안 어지러웠어. 그러는 동안 수백만 명이 전쟁과 굶주림, 질병 등으로 죽었어. 또 땅을 버리고 이리저리 떠돌거나, 양쯔 강 남쪽으로 옮겨 간 한족 역시 수백만 명에 이르렀지. 그 결과 북중국의 농지 가운데에는 돌보는 사람이 없어 버려진 채 풀밭이 된 땅이 크게 늘었어. 그래서 5호 16국과 남북조 시대의 북중국에는 농사짓는 사람들뿐만 아니라, 목축으로 살아가는 사람들도 생겨났어.

이들은 말, 양, 염소 같은 가축을 너른 풀밭에 놓아서 키우고, 고기나 우유, 요구르트, 치즈 같은 것을 먹고 살았어. 그리고 남는 것은 농민들이 거둔 곡물과 바꾸기도 했단다. 이처럼 목축이 농사와 함께 널리 퍼지자, 목축과 관련된 여러 생활 문화도 서서히 퍼져 나갔어.

몇 가지 예를 들어 볼까? 농사에는 소가 매우 중요하지만, 목축에는 소보다 개가 더 중요하고 꼭 필요한 도우미란다. 생각해 보렴. 너른 벌판에 흩어져 있는 수많은 가축 떼를 사람이 일일이 지키는 것은 쉽지 않을뿐더러, 가능하지도 않은 일이야. 그럴 때 개는 가축 떼를 지키고, 여기저기 흩어져 있으면 몰아오는 일도 한단다. 그러면서 개고기를 먹는 한족의 풍습도 서서히 사라졌지. 그런가 하면 유목

춤을 추는 서역 사람 모습의 도자기이다. 5호 16국과 남북조 시대에 중국에는 서역에서 새로운 문물이 많이 들어왔는데, 그 중에는 춤도 있었다.

5호 16국 시대 북중국에 정착한 유목민들이 농사를 짓고 있는 모습을 그린 중국 모가오 동굴의 벽화이다.

민들이 즐겨 마시는 염소와 양의 젖이 널리 퍼지고, 요구르트, 버터, 치즈를 만드는 법도 전해졌어. 또 한족들도 양고기를 얇게 저며 끓는 물에 살짝 데쳐 양념장에 찍어 먹는 음식이나, 양고기 구이와 같은 유목민 음식을 즐겨 먹기 시작했어.

말 모양의 허리띠 장식품이다. 기원전 5세기 무렵 만든 것으로, 말 타기를 즐기는 유목민들은 말의 모양을 본뜬 장식품을 좋아했다.

음식뿐 아니라 전통 의상도 영향을 받았어. 유목민들은 사냥이나 목축을 위해 말을 타는 일이 많았어. 그래서 남자든 여자든 가릴 것 없이 활동에 편하도록 소매가 좁고 몸에 붙는 옷을 즐겨 입었지. 이에 비해 한족의 여자들은 땅에 끌릴 정도의 긴 치마를 입었어. 남자들도 저고리와 치마에 두루마기를 걸쳤고, 바지를 입더라도 대부분 그 위에 다른 옷을 입었어. 그렇지만 5호 16국과 북조 시대에는 유목민의 옷차림이 유행해서, 한족들도 소매나 품이 헐렁한 옷보다 몸에 꼭 붙는 옷을 입었지. 특히 여자들은 몸에 꼭 맞게 입어 곡선미를 강조하거나, 윗옷은 길게, 치마는 짧게 입기 시작했단다. 이 밖에 윗옷에 덧입는 조끼, 유목민들이 말을 탈 때 신는 목이 긴 신발도 이 무렵 널리 유행했어.

그뿐 아니라 주거 생활도 크게 바뀌었단다. 유목민들은 의자니 침대 생활을 했는데, 북중국의 한족 사이에 이런 생활을 따라 하는 사람이 늘더니, 나중에는 양쯔 강 남쪽까지 유행처럼 퍼졌지. 이 밖에도 유목민이 즐기던 음악, 춤도 한족의 음악, 춤과 섞이면서 중국 문화를 더욱 풍부하고 다양하게 만들었어. 또 언어도 유목민 언어의 영향으로 새로운 단어가 생기고, 발음도 달라졌단다.

이처럼 유목 민족과 한족의 문화는 한데 섞이며 차이를 점차 줄여 갔어. 그리고 두 문화는 오랜 기간에 걸쳐 모래에 물이 스며들 듯 자연스럽게 섞였단다. 이렇게 유목민과 한족의 문화가 한데 섞이며 만들어진 문화를 '호한 문화'라고 해. 호한 문화는 수와 당 시절에 다양한 문화가 꽃피는 데 밑거름이 되었지.

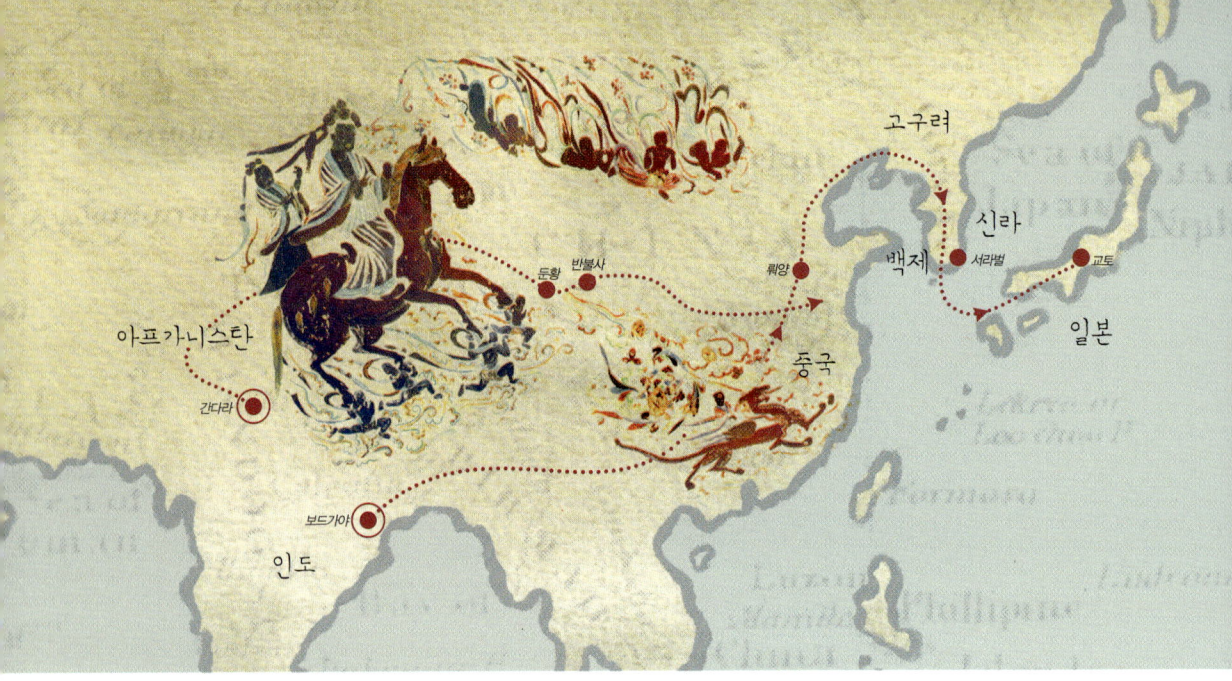

2세기 무렵 중국에 들어온 불교는 4~6세기에 걸쳐 우리나라를 비롯해 일본까지 퍼졌다.

| 동아시아에 불교가 퍼져 나가다 |

공자가 춘추 시대에 유가 사상을 주장한 뒤, 유가 사상은 한의 무제 때 국교가 되면서 중국 사람들의 생활과 의식에 더욱 깊게 뿌리내렸지. 그런데 삼국 시대와 5호 16국 시대를 거치는 동안 유가 사상은 힘을 잃기 시작했단다. 잦은 전쟁 속에서 불안하게 살아야 했던 사람들이 도덕과 예의를 강조하는 유가 사상에서 별 위안을 얻지 못했거든. 중국 사람들은 도가 사상과 인도에서 들어온 불교로 눈을 돌렸어. 아무래도 시대가 바뀌면 이전과는 다른 사상과 종교가 필요한 법이거든.

도가는 춘추 전국 시대에 살았던 노자와 장자의 가르침에 바탕을 둔 사상이란다. 노자와 장자는 자연의 이치에 따라 사는 것이 가장 올바른 삶이고, 다툼과 전쟁은 무엇인가를 억지로 하려는 욕심에서 비롯된다고 주장했지. 이런 주장은 전쟁과 혼란 속에서 불안하게 살던 지식인들 마음을 사로잡아 빠르게 퍼졌어.

음양오행설[*]
세상의 모든 이치는 음양과 오행의 서로 다른 기운이 어우러져 이루어진다는 주장이다. 음은 부드럽고 차가운 성질의 기운이고, 양은 강하고 뜨거운 성질의 기운을 뜻한다. 그리고 오행은 우주 만물을 이루는 기본 요소를 뜻한다. 나무, 불, 흙, 쇠, 물 다섯 가지이다.

그리고 도가는 당시 백성들 사이에 퍼져 있던 여러 민간 신앙과 뒤섞여 도교가 되었는데, 죽지 않고 영원히 사는 신선술, 점과 예언을 앞세운 음양오행설* 등이 특징이란다. 죽음의 공포에 시달리고, 하루하루 불안하게 살던 백성들에게 도교는 큰 위안이 되었고, 나중에는 황제들까지 적극적으로 지원해서 국교가 되었어.

한편 불교는 한 말기에 처음 전해졌는데, 당시에는 중국 사람들에게 별로 환영을 받지 못했어. 불교를 세상일과는 동떨어져서 수양에만 매달리는 종교라고 생각했기 때문이지. 그래서 한의 정부는 한족이 승려가 되는 것조차 법으로 금지했고, 한의 지식인들도 예의와 충효를 중요하게 다루지 않는 불교를 서쪽에 사는 야만족의 종교라며 무시했어.

그렇지만 5호 16국과 북조의 유목민 출신 황제들은 불교를 아주 적극적으로 받아들였어. 당시 유가 사상은 경전의 해석에만 매달려 실제 생활에는 별 도움이 되지 않는 죽은 지식이라는 생각이 널리 퍼져 있었기 때문이지. 게다가 "출신이나 신분에 상관없이 모든 사람이 평등하다."는 불교

10세기 무렵 중국에서 인도 불상의 영향을 받아 만든 불상의 모습이다. 불교는 중국의 문화와 예술의 발전에 큰 역할을 했다.

대승불교*
1세기쯤, 인도에서 불교의 개혁 운동이 일어났는데, 이때 생긴 불교의 한 종류이다. 대승은 '큰 수레'라는 뜻이다. 개인의 깨달음을 중요하게 생각하는 소승불교와 달리, 중생을 올바로 이끌어 부처의 경지에 이르게 하는 것을 목표로 한다.

중국 불교 발전에 큰 역할을 한 달마의 초상화이다.

의 가르침은 한족 황제만이 하늘의 뜻을 받아 나라를 다스릴 수 있다고 주장하는 유가 사상에 비해 훨씬 유목민 황제들의 귀에 솔깃하게 들렸을 거야.

그런데 이 무렵 중국에 퍼진 불교는 대승 불교*라는 것으로, 어려움에 빠진 사람들을 돕는 것을 중요하게 여겼어. 그래서 승려들은 아픈 사람을 치료하거나, 가난한 사람들을 돕는 일에 힘을 쏟았지. 또 사람들을 쉽게 이해시키려고, 중국 사람들이 이미 알고 있는 도가 사상이나 민중 신앙에 빗대어 불교를 설명했어. 그러다 보니 많은 사람들이 처음에는 부처를 모든 소원을 다 들어주는 신비한 외국의 신 정도로 여겼고, 불교를 미신처럼 생각했단다.

하지만 시간이 흐르면서 불교가 발달한 인도와 중앙아시아에서 많은 승려들이 중국으로 찾아왔어. 그들은 중국 불교의 수준을 한 단계 끌어올렸단다. 이 무렵 활동한 승려들 가운데 가장 대표적인 이가 구마라습과 달마야. 구마라습은 인도 경전을 들여와 한자로 번역해 불교의 가르침을 제대로 전하는 일에 힘을 쏟았어. 달마는 참선을 통해 불교의 가르침을 깨닫는 수행법을 퍼뜨렸단다. 그뿐만 아니라 이 무렵 인도와 중앙아시아에서 불교와 관련된 건축 기술, 문학, 그림 기법, 음악과 춤, 차 같은 음식 등이 들어와 중국 문화를 더욱 풍부하게 만들었어.

이렇게 중국에서 발달한 불교와 불교문화는 우리나라에 전해지고, 다시 일본에 전해지지. 그리고 정신세계와 예술, 건축, 문화 등 거의 모든 분야에서 큰 영향을 끼쳐, 많은 변화를 일으킨단다. 그래서 동아시아의 역사와 문화에서 불교를 없애면 그 의미의 절반은 사라진다고 하지.

클릭! 역사 속으로
인도 승려 달마와 선종

달마는 깨달음을 얻으려고 동굴 속에서 마음을 닦고 있었어. 동굴 벽만 바라보고 앉아 있은 지 벌써 여러 해였지. 그러던 어느 날, 달마의 등 뒤에서 누군가 간절한 목소리로 물었어.

"제 마음이 불안으로 가득합니다. 이 불안을 어떻게 하면 좋겠습니까?"

달마는 뒤도 돌아보지 않고 대답했어.

"그 마음을 가져오너라. 내가 편하게 해 주마."

그러자 물음을 던졌던 사람은 더듬거리며 대답했어.

"마음을 찾을 수가 있어야지요."

달마가 빙그레 웃으며 말했어.

"그러면 됐다. 이제 마음이 편안하냐?"

'아! 마음이 없는데, 마음이 불안할 리가 없구나!'

물음을 던졌던 사람은 달마의 말을 듣고 깨달음을 얻었어. 그러고는 달마의 첫 번째 제자가 되었어. 달마는 제자를 만난 뒤 산에서 내려와 사람들에게 가르침을 전했어.

"누구든 마음속에 부처님이 있으니, 마음을 닦다 보면 깨달음을 얻을 수 있다. 책을 읽고 많이 공부한 사람이라고 해서 빨리 깨닫는 것도 아니고, 아무것도 모르는 사람이라고 더디 깨닫는 것도 아니다. 앉아서 열심히 마음을 닦다 보면 지혜의 눈이 열린다."

달마는 인도 출신의 승려로, 6세기 초에 중국으로 건너왔어. 그리고 중국에 처음으로 참선을 통해 부처의 가르침을 깨닫는 새로운 수행법을 퍼뜨렸어. 달마의 수행법을 따르는 승려들은 경전 공부를 중요하게 여기는 교종과 뜻을 달리해서 선종을 만들었단다. 선종은 그 뒤에 우리나라와 일본에까지 전해져 큰 영향을 끼쳤지.

유럽 역사의 새로운 주인공

프랑스와 독일은 지금의 유럽을 대표한다고 할 수 있는 나라들이야. 그럼, 이들 나라의 역사는 언제부터 시작되었을까? 그것은 게르만 족 가운데 하나인 프랑크 족이 유럽의 대부분을 차지하는 큰 왕국을 세웠을 때부터란다. 우리 역사에서 신라, 고구려, 백제가 발전하고 있을 때야.

프랑크 왕국은 훗날 프랑스, 독일 등으로 발전하지. 영국 역시 이 무렵 게르만 족의 일부가 세운 나라가 발전한 거야. 그럼, 이제부터 게르만 족이 유럽의 역사를 이끌었던 시기를 살펴볼까?

| 게르만 족이 유럽의 새 주인으로 등장하다 |

게르만 족은 로마 제국 시절 도나우 강 북쪽에 살던 민족이야. 게르만 족이 사는 땅, 그러니까 게르마니아 북쪽에는 습지로 이루어진 거대한 평지가 있었고, 남쪽에는 전나무와 소나무가 울창한 숲이 뻗어 있었어. 그래서 농사를 지을 땅이 충분하지 않았어. 그래서 게르만 족은 이곳저곳을 옮겨 다니며 숲에서 곰과 멧돼지, 사슴 따위를 사냥해 먹거나, 초원 지역에서 가축을 길러 먹었지.

한편, 게르만 족은 도시를 세우지도 않았고, 대부분 글을 읽지도 못했어. 그래서 로마 사람들은 게르만 족을 야만족이

말 탄 게르만 전사를 표현한 조각상이다.

라고 무시했단다. 하지만 알고 보면 꼭 그렇지만도 않아. 그들은 고유의 말과 문자, 종교를 가지고 있었고, 철제 무기와 도구를 만드는 데도 능숙했지.

그런데 시간이 지나 게르만 족의 인구가 크게 늘면서 살 땅이 부족해졌지. 게르만 족은 땅을 찾아 점차 남쪽으로 내려왔어. 그러던 기원전 1세기 무렵에는 라인 강과 도나우 강을 사이에 두고 로마 군대와 자주 부딪치게 되었어. 게르만 족은 자신들을 막는 로마 제국의 군대에 맞서 큰 승리를 거두기도 했지만, 로마 제국의 국경을 넘지는 못했단다. 그래도 계속해서 로마 군대를 공격하며 국경 지역을 어지

게르만 족은 선교사들을 통해 크리스트 교를 받아들였다.

게르만 족들은 서로마 제국을 무너뜨리고, 서로마 제국 이곳저곳에 나라를 세워 서로 경쟁했다. 그러는 동안 서서히 크리스트 교를 받아들이고, 로마 문화를 흡수하며 중세 유럽의 주인공으로 성장했다.

게르만 족 여성과 어린이의 모습이다.

게르만 족은 나무로 지은 집에서 살았다.

게르만 족은 로마 제국의 국경 지역을 어지럽혀 로마 제국의 황제로부터 정착할 땅을 얻어 냈다.

게르만 족은 비옥한 땅을 찾아 에스파냐와 북아프리카까지 내려갔다.

게르만 족은 로마가 있는 이탈리아를 공격해 많은 재물을 약탈했다.

럽혔지. 그러자 로마 황제는 게르만 족에게 아예 국경 지역 근처의 땅을 내주며, 더는 소란을 피우지 말라고 했어. 그 뒤 게르만 족은 로마 군인들에게 물건을 팔거나, 농사를 지으며 한동안 평화롭게 살았어.

그런데 3세기 무렵부터 로마 제국이 엄청난 혼란에 빠졌어. 군인들이 반란을 일으켜 황제들을 마음대로 갈아치우는 바람에 불과 50여 년 사이에 황제가 26번이나 바뀌었지. 그 사이에 로마 군인의 수는 크게 줄어들었지만, 당시 로마 사람들은 군인이 되는 것을 꺼렸어. 그래서 부족한 병사를 채우기 위해 돈 받고 싸워 주는 직업 군인, 즉 용병들을 고용했단다. 이때 일부 게르만 사람들이 로마 군대에 들어가 용병으로 활약했어.

한편, 로마의 대농장에도 일손이 많이 달려서, 게르만 사람들이 소작인으로 일하게 되었어. 이들 게르만 사람들은 4세기 무렵에는 크리스트 교 선교사들의 영향으로 크리스트 교로 개종하기도 했어.

그러던 중, 375년에 아시아의 초원에서 몰려온 훈 족이 볼가 강 유역의 동고트 족을 공격했어. 당시 게르만 족 사이에서 싸움을 잘하기로 소문난 동고트 족도 말을 타고 무섭게 몰아붙이는 훈 족에게는 상대가 되지 않았단다. 결국 동고트 족은 훈 족을 피해 서로마 제국의 영토로 몰려들었어. 이와 함께 다른 게르만 족들도 앞 다투어서 서로마 국경을 넘었지. 이 무렵 로마 제국은 동서로 갈라져 힘이 크게 약해진 상태라 몰려드는 게르만 족을 막을 힘이 없었단다.

그로부터 20여 년 뒤에 동고트 족은 서로마 제국의 수도인

반달 족*
게르만의 한 부족으로, 4세기 이후 동유럽에서 에스파냐를 거쳐 북아프리카로 건너갔다. 439년에 카르타고를 중심으로 반달 왕국을 세우고 서지중해에서 큰 세력을 떨쳤으나, 내부의 분열을 겪다가 534년에 비잔티움 제국의 유스티니아누스 황제에게 망하였다.

게르만 족 가운데 하나인 프랑크 족의 역사를 그린 기록화이다. 왼쪽은 클로비스 1세가 왕이 되는 모습이고, 오른쪽은 프랑크 족이 다른 게르만 족과 싸우는 모습이 그려져 있다.

로마를 약탈했고, 그 틈을 타서 더 많은 게르만 부족들이 서로마 제국으로 침입했어. 이때까지 유럽을 호령하던 훈 제국은 아틸라가 죽은 뒤 급격히 힘을 잃고 다시 동쪽으로 쫓겨났지.

이제 동고트 족을 비롯해 여러 게르만 부족들은 안심하고 세력을 확장할 수 있었단다. 그래서 동고트 족과 롬바르드 족은 이탈리아에, 서고트 족은 이베리아 반도에, 프랑크 족은 갈리아(지금의 프랑스)에, 부르군드 족은 부르고뉴 지방(프랑스 중동부)에, 앵글 족, 주트 족, 색슨 족은 브리타니아(지금의 영국)에, 반달 족*은 북아프리카에 각각 나라를 세웠지.

한때 강력한 힘을 떨치던 서로마 제국 황제는 게르만 왕들에게 시달리며 간신히 자리만 유지하는 초라한 신세가 되어 버렸어. 그러다가 결국 476년에 게르만 족의 용병대장 오도아케르가 서로마 제국의 황제를 쫓아냄으로써, 서로마 제국은 역사의 무대에서 사라졌단다. 이제 서로마 제국을 대신해서 여러 게르만 왕국들이 유럽을 지배하기 시작했어. 이로써 한때 야만족으로 무시당하던 게르만 족이 유럽의 새로운 주인이 된 거야.

프랑크 왕국과 크리스트 교가 유럽을 지배하다

프랑크 족, 고트 족, 반달 족, 앵글로색슨 족 등 여러 게르만 족이 서로마 제국의 땅에 나라를 세웠다고 했지? 이들은 한동안 서로 더 넓은 영토를 차지하려고 싸우고, 경쟁했단다. 그런데 시간이 지나면서 하나, 둘 무너져 갔어. 하지만 프랑크 족이 세운 나라는 오늘날의 서유럽 땅을 대부분 차지하고서 오랫동안 살아남았지. 여기에는 어떤 이유가 있었던 걸까?

프랑크 족은 라인 강 지역에 살았어. 원래 10여 개의 부족으로 나뉘어 있었는데, 그 가운데 한 부족을 이끌던 클로비스가 나머지 부족을 하나로 통일하고 왕국을 세웠단다. 클로비스는 라인 강 지역을 중심으로 주변 땅을 정복해 가며 힘을 키웠어. 그런데 이와 달리 고트 족이나 반달 족 같은

교황 그레고리 1세의 모습을 그린 기록화이다. '교황'(Pope)은 '아버지'라는 뜻의 그리스 어에서 온 말이다. 교황은 로마의 주교로, 크리스트 교 교회의 최고 지도자이다.

다른 게르만 족들은 자기네가 살던 땅을 떠나 멀고 낯선 이베리아 반도나 아프리카 같은 곳에 나라를 세웠어. 그러다 보니 자기네보다 훨씬 많은 로마 사람들에게 둘러싸여, 늘 저항과 반발에 시달려야 했단다.

 프랑크 왕국의 성공에는 또 한 가지 이유가 있어. 프랑크 왕국은 당시의 강대국이었던 비잔티움 제국, 이슬람 제국에서 멀리 떨어져 있었단다. 그래서 이들의 침입을 받지 않았지. 그러나 다른 왕국의 처지는 달랐어. 이탈리아와 아프리카에 있던 동고트 왕국과 반달 왕국은 비잔티움 제국에, 이베리아 반도를 차지한 서고트 왕국은 7세기 무렵 이슬람 제국에 망했단다.

 종교 문제도 프랑크 왕국이 오래 살아남는 데 도움이 되었어. 프랑크 족은 원래 게르만 족의 전통에 따라 신성한 물과 나무, 바위 같은 자연물을 숭배했어. 그런데 서로마 제국 시절부터 로마 사람들과 자주 접촉을 하더니, 프랑크 족 가운데 크리스트 교를 믿는 사람들이 점점 늘어났어. 그러던 어느 날, 다른 부족과 전쟁을 치르기에 앞서서 클로비스 왕은 하느님을 향해 이런 약속을 했어.

 "제가 승리를 거둘 수 있게 해 주신다면 크리스트 교를 믿겠습니다."

 클로비스 왕은 전쟁에서 승리했고, 크리스트 교를 받아들이겠다는 약속을 지켰어. 그것도 혼자만이 아니라 그를 따르는 군사 3000명과 함께 한꺼번에 개종을 했단다. 그 뒤로 크리스트 교는 프랑크 왕국의 국교가 되었어. 그러자 프랑크 족을 야만족이라 무시하고, 그들의 지배를 거부하던 로마 사람들의 반발이 크게 줄었어. 덕분에 클로비스 왕은 왕국을 훨씬 편하게 다스릴 수 있었어.

 그 뒤 프랑크 왕국의 왕들은 크리스트 교를 보호하고, 땅을 교회에 바치는 등 교회를 후원하는 일에 힘을 쏟았어. 대신에 크리스트 교의 수도사들은 프랑크 왕국에서 왕을 도와 법률을 기록하거나, 왕에게 조언하는 일을 맡았지. 때로는 왕의 명령을 따르도록 사람들을 설득하는 일을 하기도 했단다.

 크리스트 교는 서로마 제국이 무너진 뒤 움츠러들었는데, 이렇게 프랑크 왕국과 손을 잡은 덕분에 다시 기지개를 펴게 되었단다. 프랑크 왕국의 보호 아래 크리스트 교는 점차 지중해와 남부 유럽을 넘어, 지금의 폴란드와 헝가리가 있는 동유럽 지역까지 퍼져 나갔어.

교회는 사람들 사이에 재산이나 땅을 두고 다툼이 벌어지면 교회법에 따라서 조정해 주었어. 그뿐만 아니라 사람들에게 농사짓는 법을 가르치고, 굶주린 사람에게는 먹을 것을 주고, 아픈 사람은 치료도 해 주었지. 그러면서 교회는 당시 유럽 사람들의 생활에 있어 가장 든든한 울타리가 되었어.

그렇지만 교회는 교회의 뜻을 거스르는 사람에게는 파문이라는 벌을 주었어. 파문은 더는 신의 보호를 받을 수 없다며 내쫓는 거야. 그런데 당시 유럽 대부분의 지역은 아직 중앙 정부의 힘이 약해 무질서와 폭력이 판을 치고 있었어. 그런 상황에서 그나마 안전한 크리스트 교 공동체에서 쫓겨난다는 것은 어떤 보호도 받을 수 없는 위험한 상황에 몸을 드러내는 것이었지. 따라서 파문은 당시 유럽 사람들에게 곧 죽음과도 같은 형벌이라고 할 수 있단다.

그래서 이 무렵 대부분의 유럽 사람들은 예배에 열심히 참가했고, 감히 교회나 성직자의 뜻에 어긋나는 행동을 할 엄두도 못 냈어. 반면 성직자나 교회는 일반적인 법의 테두리 밖에 있어서, 왕이라고 해도 함부로 처벌할 수 없었어.

이렇게 크리스트 교의 영향력은 갈수록 커졌고, 나중에 교회와 크리스트 교 공동체를 이끄는 교황의 힘은 왕을 뛰어넘을 정도가 되었지. 그러면서 유럽은 크리스트 교가 지배하는 세계로 변해 갔단다.

장원과 수도원이 발달하다

수렵과 채취, 유목 생활을 하던 게르만 족에게는 '종사 제도'라는 오랜 전통이 있었어. 종사 제도란 힘이 약한 사람들이 힘센 사람, 혹은 군사 지휘자에게 충성을 맹세하는 대신, 보호를 받는 제도를 일컫는 말이야. 프랑크 족도 종사 제도의 전통이 있어서, 프랑크 왕국의 왕들은 친구나 부하에게 땅을 나누어 주고, 그들에게서 충성을 약속 받았지. 이때 받은 땅을 '영지'라 하고, 영지의 주인을 '영주'라고 불러. 영주들은 영지 주변에 튼튼한 울타리를 치고 깊은 못을 파서 적들의 침입에 대비했어. 마치 요새와 같은 이곳을 '장원'이라고 불러.

프랑크 왕국 초기에는 아직 사회의 틀이 잡혀 있지 않아서 치안도 불안하고, 툭하면 사람들끼리 다투었단다. 힘이 약한 사람은 힘센 사람에게 재물을 빼앗기고, 심지어 목숨을 잃기도 했지. 그야말로 강한 자만이 살아남는 분위기였어.

"불안해서 살 수가 없구나. 나도 영주에게 가서 보호해 달라고 해야겠어."

서유럽의 농민들이 영주에게 세금을 바치는 장면을 새긴 조각이다. 농민들은 영주의 보호를 받는 대가로 영주의 땅에서 일을 하거나 농작물을 바쳤다.

베네딕투스*
6세기 초에 활동한 이탈리아의 수도사이다. 로마에서 문학을 공부하면서 비잔티움 제국의 크리스트 교 공동체들의 영향을 받아, 500년에 동굴에서 은둔 생활을 시작했다. 그리고 529년쯤 이탈리아의 몬테카시노에서 서양에서는 처음으로 수도원을 시작했다.

사람들은 하나, 둘씩 영주에게 몰려들었어. 힘센 영주와 영주를 따르는 군대가 자신들을 보호해 줄 수 있으리라 생각한 것이지. 얼마 가지 않아 대부분의 사람들이 영주의 땅인 장원 안에서 살게 되었단다. 그리고 장원으로 간 농민들은 영주의 땅을 빌려 농사를 짓는 대신, 세금을 내고 영주를 위해 일했어. 그렇지만 아직까지는 영주에게 크게 매이지 않고 자유롭게 생활했어. 그럼, 이 무렵 농민들이 어떻게 살았는지 잠깐 살펴볼까?

농민들이 사는 집은 나무로 지었는데, 벽에는 석회를 발랐단다. 집 안에는 별다른 장식이 없고, 가구도 아주 단순한 모양이었지. 음식을 살펴보면, 가난한 농가에서는 양배추와 밤을 주식으로 했고, 부유한 농가에서는 치즈나 우유, 버터 같은 유제품도 먹었단다. 채소류는 시금치, 당근, 무 등을 주로 먹었어. 가끔씩은 직접 사냥한 야생 고기나 집에서 기르는 닭과 거위, 돼지 등의 고기도 먹었어. 또 종교 의식에 쓸 포도주를 담기 위해 넓은 땅에서 포도를 가꾸었지. 장원 안에는 농경지, 집, 방앗간, 창고, 교회 등 생활에 필요한 거의 모든 것이 있었어. 그래서 농민들은 대부분 평생 동안 장원 밖으로 나가는 일 없이 그 안에서만 살았지.

장원은 오늘날의 마을과 닮았단다. 중세 유럽을 가리켜 "장원이라는 마을로 조각조각 나뉜 조각 이불 같다."고도 해. 마을 중에서도 독립성이 강한 마을이었다고 할 수 있지. 왜냐 하면 당시 중앙 정부에는 나라 전체를 지배할 만한 힘이 없어서, 장원들은 대부분 스스로 모든 일을 해결했어.

이 시대에는 장원 말고도 또 다른 공동체가 있었어. 바로 수도원이야. 수도원은 크리스트 교 수도사들이 공동생활을 하는 곳이란다. 이 시기의 수도사들은 복잡한 세상을 떠나 신의 뜻을 공부하고, 기도하며 사는 것을 삶의 목표로 했지. 수도사들은 어떻게 살았는지, 그 무렵 명성이 높았던 베네딕투스*수도원으로 가 볼까?

베네딕투스 수도원의 가장 중요한 규칙은 "기도하고 일하라."는 것이었어. 수도사들은 하루에 5시간 정도는 예배를 드리는 데 보냈고, 4시간 정도는 기도와 명상을 했어. 그리고 하루에 적어도 3시간 이상은 일을 했지. 초기에는 수도사들이 스스로 농사도 짓고, 요리도 하고, 옷도 만들어 입었어. 수도원 안에는 물방앗간, 정원, 필요한 물건을 만들 수 있는 작업장까지 갖추어져 있었지. 많은 수도원이 외진 곳에 자리를 잡고서, 세상과 관계를 맺지 않고 지냈단다.

그런데 이 무렵의 수도원을 "암흑의 중세를 밝히는 한 줄기 촛불"이라고 말한단다. 암흑은 무슨 뜻이고, 촛불은 무슨 뜻일까?

농사를 짓고 있는 수도사의 모습을 그린 기록화이다. 수도사들은 수도원에서 살며 기도 생활을 하고, 직접 일해서 먹을 것을 장만하였다. 수도사들은 중세 유럽의 문화를 발전시키는 데 큰 역할을 했다.

게르만 족이 유럽 여기저기를 휘젓고 다니던 시기부터 프랑크 왕국 초기를 가리켜 '유럽 문화의 암흑기'라고 불러. 유럽의 새로운 주인이 된 게르만 족은 로마 문화의 영향을 받기는 했지만, 제대로 교육을 받지는 못했어. 그래서 게르만 족들은 대부분 로마 사람들이 사용하던 라틴 어를 읽지도, 쓰지도 못했지. 심지어 왕이나 귀족들도 마찬가지였어. 그러다 보니 로마 제국이 자랑하던 로마법[*]이나 철학은 점차 잊혀져 갔어. 또 전쟁의 혼란 속에서 그리스와 로마의 아름다운 조각이나 건축물이 대부분 파괴되거나 버려졌단다. 이처럼 문화가 크게 뒷걸음질했다는 뜻에서 이 시기를 '암흑'이라고 표현하는 거야. 바로 이러한 때에 수도원은 혼란에서 비껴 나 평온을 유지하는 가운데, 학문의 불꽃을 사그라뜨리지 않고 지켰단다. 그래서 '촛불'이라고 표현하는 것이지.

한편, 시간이 흐름에 따라 마을 근처에도 수도원이 들어서기 시작했어. 이 수도원들은 주로 영주들이 세운 거란다. 영주들은 수도원을 세워 자신이 신을 섬기는 좋은 사람이라는 것을 알리고 싶어 했지. 또 교회와 사이좋게 지내는 것이 영주에게는 나쁠 게 없었어. 영주들이 세운 수도원의 원장은 대개 영주의 아들이나 딸이 맡았단다. 신자들은 이런 수도원들에 땅과 재물을 많이 기증했어. 그에 따라 수도원은 커다란 장원처럼 되고, 수도원장은 사실상 영주나 다름없었어. 어떤 수도원장의 토지에는 무려 2만 명이 넘는 사람들이 살았다는구나. 이러면서 넓은 영지를 거느리고 왕의 옆에서 권력을 휘두르는 수도사들이 점점 늘어났어. 반면 기도하고 일하는 모습은 점점 사라졌지. 그래서 수도원을 원래 모습으로 되돌리자는 운동이 일어나기도 했단다.

로마법[*]
고대 로마에서 만들어 시행한 법률이다. 로마법의 시작은 기원전 449년에 만든 12표법이었다. 그 뒤 1000여 년 동안 발전을 거듭해 6세기 초에 틀이 완전히 갖춰졌다. 로마법은 후에 서유럽 국가들에 전해져, 사법 제도의 기초가 되었다.

클릭! 역사 속으로
켈트 족의 왕, 아서

브리튼의 왕이 죽은 뒤, 아직 후계자를 정하지 못하고 있을 때였어. 한 교회 앞에 못 보던 바위가 나타났어. 바위의 한가운데에는 칼이 꽂혀 있었고, 칼에는 이런 글이 쓰여 있었지.

"이 칼을 뽑는 자가 브리튼의 왕이 될 것이다."

사람들은 이 계시를 따르기로 했어. 각지에서 온 영주들과 기사들이 왕이 되겠다는 욕심에 칼을 뽑으려 애썼지만, 칼은 꿈쩍도 하지 않았어. 그 칼을 뽑은 것은 겨우 열다섯 살밖에 되지 않은 아서였어. 사람들은 믿기지 않아서 칼을 다시 바위에 꽂은 뒤 뽑아 보라고 시켰지. 아서가 칼을 잡고 당기자 칼은 스르르 뽑혔어.

"드디어 우리의 왕이 나타났다!"

"아서는 하늘이 내려 준 왕이야."

이렇게 해서 아서는 브리튼의 왕이 되었어. 그 뒤 켈트 족인 아서는 색슨 족에 맞서서 여러 차례 전쟁을 벌이며, 오늘날의 영국 땅인 브리튼의 통일을 위해 싸웠단다.

아서라는 실제 인물이 있었던 것은 아니고, 비슷한 인물을 본보기로 아서 왕의 전설을 지어 낸 거야. 이 전설을 통해 5~6세기 브리튼의 역사와 켈트 족의 모습을 엿볼 수 있지.

켈트 족은 게르만 족의 하나인 앵글로색슨 족이 브리튼을 차지하기 전에 그 지역에 살던 사람들이야. 켈트 족은 기원전 수천 년 전부터 유럽 지역에 퍼져 살았어. 그들은 비료를 이용해 농사를 지을 줄 알았고, 처음으로 햄을 만들어 먹기도 했어. 특히 이들은 철을 다루는 기술이 뛰어나서, 쇠사슬 갑옷을 비롯해 무시무시한 칼과 도끼를 잘 만들었어. 그리고 그리스나 로마 사람들보다 먼저 바지를 입었다고 하는구나. 또 켈트 족은 마법과 요정이 있다는 것을 믿으며, 샘이나 강, 바닷물에 신성한 힘이 있다고 여겼대.

굽타 제국의 발전과 변화

2~3세기에 걸쳐 아시아와 유럽에서는 여러 민족의 대이동이 일어났어. 흉노를 비롯해 여러 유목민들이 중국 땅으로 몰려들고, 황허 강 유역의 한족들은 양쯔 강 남쪽으로 이동했어. 그리고 아시아에서 몰려온 훈 족을 피해 게르만 족은 유럽 북쪽을 떠나 서유럽과 지중해 서쪽을 차지했지. 그러는 동안 중국과 유럽에는 새로운 나라들이 들어서고, 다양한 문화가 싹텄어. 그럼, 중국과 유럽 사이에 있는 인도는 어땠을까? 인도에서도 비슷한 모습이 펼쳐졌단다. 이제 인도에서 어떤 일이 일어났는지 함께 알아보자꾸나.

| 굽타 제국이 번영을 누리다 |

인도를 처음으로 통일한 마우리아 제국이 무너진 뒤 인도는 한동안 여러 개의 나라로 나뉘어 혼란을 겪었어. 그러다가 3세기 중엽, 유목민이 인도 북부에 세운 쿠샨 제국이 무너지고, 4세기 초에 찬드라 굽타 1세가 갠지스 강 유역을 다시 통일했어. 그것이 바로 인도 사람들이 세운 두 번째 제국인 굽타 제국이란다.

찬드라 굽타 1세는 불과 10여 년 만에 제국이 번영할 수 있는 기틀을 마련했어. 그 뒤 굽타 제국의 황제들은 정복

무릎을 꿇고 쉬고 있는 소의 조각이다. 굽타 시대에는 농업이 발달해 소가 매우 중요한 가축이었다. 그뿐만 아니라 힌두 교에서 소를 귀하게 여겨 소의 조각을 많이 만들었다.

전쟁을 계속 벌여 갠지스 강 유역뿐만 아니라 인도 북부를 대부분 차지했어. 굽타 제국은 6세기 무렵 훈 족의 침략으로 무너질 때까지 200년 넘게 이어졌지.

굽타 제국이 가장 번영을 누린 시기는 찬드라 굽타 1세의 손자인 찬드라 굽타 2세가 다스릴 때야. 그는 영토를 크게 넓히고, 여러 가지 개혁 정책을 펼쳐 정치의 안정을 이끌었단다. 그뿐만 아니라 농지를 크게 늘리고, 교역에도 힘을 쏟았어. 덕분에 이 무렵 수도인 파탈리푸트라와 서해안의 항구 도시들은 외국에 드나드는 배들로 늘 북적거렸지. 상인들은 사산조 페르시아나 로마 제국은 물론, 인도 남부 실론 섬이나 동남아시아까지 가서 교역을 벌였어. 인도의 상인들은 진주, 보석, 상아 제품 등을 수출하고, 금, 은, 비단, 말 등을 수입했어.

정치와 경제가 안정을 이루자, 곳곳에서 큰 도시가 발달했어. 도시에는 황제나 관리, 상인, 수공업자 등 다양한 사람들이 살았어. 이들 가운데 부유한 상인이나 귀족들은 넓고 깨끗한 집을 짓고 풍요로운 생활을 누렸단다. 남녀 모두 화장을 하고 금이나 은으로 만든 장신구로 멋을 부렸어. 그렇지만 대부분의 사람들은 도시 주변의 시골에서 농사를 짓고 살았어. 그들은 진흙으로 만든 집에 살면서,

굽타 제국 시대에는 경제가 발전하고 문화와 예술이 발달했다. 굽타 황제들은 화려한 궁정에서 시종들의 시중을 받으며 부유한 생활을 즐겼다.

아침 일찍 논이나 밭으로 나가 하루 종일 일했지. 종교적인 이유 때문에 고기는 꺼리고 채소와 과일, 우유 등을 주로 먹었어.

한편, 황제나 부유한 상인과 귀족들은 학교와 사원을 세워 학문과 예술을 힘껏 뒷받침했단다. 게다가 이웃한 사산조 페르시아, 로마 제국과 교역을 하는 동안 다양한 문화와 학문도 함께 들어와 학자와 예술가들 사이에 널

궁전 앞에서 춤과 음악을 즐기는 굽타 제국 사람들이다. 굽타 제국 사람들은 경제적인 번영을 바탕으로 다양한 문화와 예술을 꽃피웠다.

굽타 제국의 황제인 쿠마라 굽타의 모습이 새겨진 동전이다.

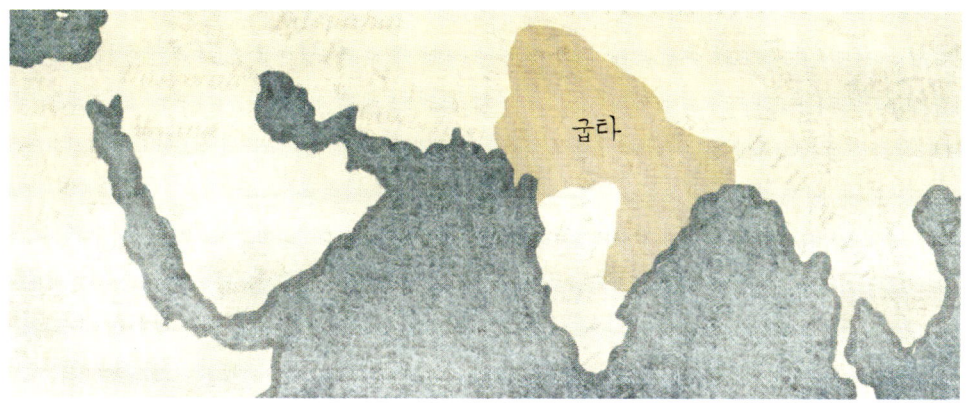
굽타 제국의 지도이다. 굽타 제국은 인도 북부를 대부분 차지한 큰 나라로, 농사와 교역으로 번영을 누렸다.

리 퍼졌어. 그 덕분에 굽타 시대에는 학문과 예술이 크게 발전했지.

이와 함께 각 지방마다 특색 있는 문화가 다양하게 발달했어. 그것은 굽타 시대에 지방 자치 제도가 발달했기 때문이야. 인도 북부에는 강과 산맥, 고원이 많단다. 그래서 중앙 정부에서 지방 곳곳에 관리를 보내 다스리는 것이 어려웠어. 게다가 지역마다 언어와 전통, 관습도 많이 달라서 모든 지역을 하나의 행정 구역으로 묶는 것도 쉽지 않았지. 그래서 황제는 제국 전체를 직접 다스리는 것이 효율적이지 않다고 생각했단다. 황제는 수도와 그 주변 지역만 직접 다스리고, 나머지는 그 지역의 실력자나 총독에게 맡겼어. 지역을 책임진 총독이나 실력자들은 작은 왕처럼 행세하는 한편, 사기 지역의 경제와 문화를 발전시키기 위해 힘을 쏟았단다. 덕분에 굽타 제국 시대에는 지방 사람들의 생활수준이 높아지고, 지역별로 다양한 문화가 꽃필 수 있었어.

그런데 5세기 말에 훈 족의 한 무리인 에프탈이 대규모로 굽타 제국에 쳐들어왔어. 굽타 제국의 황제들이 에프탈의 공격에 맞서 힘껏 싸우자, 에프탈은 물러나는가 싶었어. 하지만 그것은 잠시뿐이었지. 에프탈은 물러나서 힘을 키운 뒤에 다시 쳐들어와서 국경 지역을 어지럽히며 약탈을 일삼았어. 그러던 5세기 말, 굽타 제국의 황제들이 에프탈의 침략을 막느라 정신이 없는 틈을 타서 인도 서부 지역이 독립을 했어. 서부는 부유했기 때문에 그곳을 잃는다는 것은 굽타 제국에 큰 타격이

힌두 교*
'힌두'란 '큰 강'을 뜻하는 페르시아 어인 '신두'에서 유래했다. 힌두 교는 기원전 1000년 무렵부터 오랜 시간에 걸쳐 다양한 신앙 형태가 어우러져 발달한 종교이다.

었어. 게다가 황제 자리를 두고 내부에서 다툼이 잦아지면서 굽타 제국은 서서히 기울어 갔단다. 그러는 가운데 다른 지방의 총독들도 하나, 둘 독립을 했어. 결국 6세기 중반에 굽타 제국은 무너지고 말았어.

굽타 제국은 이렇게 무너졌지만, 굽타 제국 시대에 꽃을 피운 문화와 예술은 훗날까지 인도와 다른 나라에 많은 영향을 끼쳤어. 이제 굽타 시대의 문화와 예술에 대해 알아보자꾸나.

| 인도 고유의 특색이 강조된 문화가 발달하다 |

흔히 굽타 제국 시대를 '인도 문화의 황금 시대'라고 부른단다. 이 시대의 예술과 문화에는 인도 전통의 종교, 정서, 생활 방식 등이 한데 어우러져 인도 고유의 특색이 두드러지게 나타나. 그리고 앞에서 이야기했듯 지방마다 문화가 특색 있게 발달해 서로 어우러지면서 문학, 조각, 건축, 춤 등이 어느 시대보다 다양하게 꽃을 피웠어. 오늘날 우리가 알고 있는 인도 문화는 대부분 굽타 시대에 뿌리를 두고 있다고도 할 수 있지.

예를 들면, 인도의 대표적인 신화로 꼽히는 「마하바라타」와 「라마야나」 같은 이야기들이 굽타 시대에 처음 책으로 정

악기를 연주하는 모습을 새긴 굽타 시대의 조각상이다. 굽타 시대에는 조각을 비롯해 인도 고유의 특징이 살아 있는 음악, 미술, 문학 등이 발달했다.

리되었어. 이전까지 입에서 입으로 전해지던 이야기들을 굽타의 학자들이 산스크리트 어로 기록한 것이지. 이 밖에도 힌두 교*나 불교의 수많은 전설과 신화 들이 책으로 정리되었어. 여기에는 인도 사람들의 독특한 세계관과 정서가 잘 녹아 있지. 이 무렵 정리된 인도의 이야기들은 동남아시아, 페르시아, 서아시아, 중국은 물론 우리나라에까지 전해져 문화와 예술 발전에 밑거름이 된단다.

굽타 시대에는 조각 예술도 발달했어. 온화하고 조용한 얼굴 표정, 소박하면서도 단정한 장식과 자연스러운 주름선이 잘 표현되어 있는 것이 이 시대 조각상들의 특징이야. 무리하지 않고 마음의 평화를 추구했던 굽타 시대 인도 사람들의 정신세계가 잘 녹아 있기 때문이지.

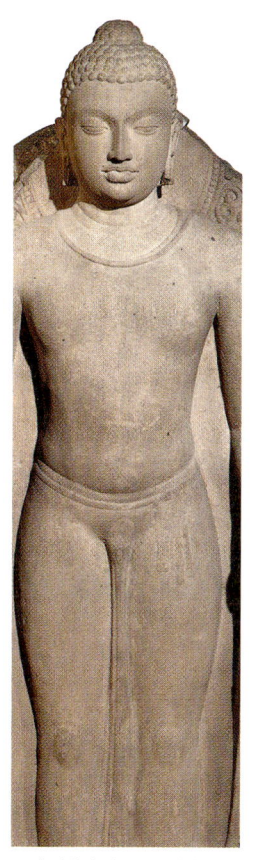

굽타 시대에 만든 불상이다. 굽타 양식의 특징이 잘 드러나는 대표적인 작품이다.

건축에서는 동굴을 파서 사원을 만드는 양식이 유행했어. 엄청난 규모로 유명한 아잔타 석굴도 대부분 굽타 시대에 만든 거란다. 아잔타 석굴의 벽화는 1500여 년이 지난 지금까지 굽타 시대 궁전의 모습과 사람들의 생활을 생생하게 전해 주고 있지.

이번엔 학문의 발달을 살펴볼까? 앞에서 이야기했듯 굽타 시대에는 도시가 발달했어. 도시에는 힌두 교 사원과 불교 사원이 많이 들어섰는데, 이곳에서는 종교뿐만 아니라 문법, 작문, 철학, 의학 등을 가르쳤단다. 멀리 페르시아나 중앙아시아에서 학문을 배우려고 찾아올 정도로 이 무렵 인도의 학문은 수준이 높았어.

특히 수학과 의학은 그리스와 페르시아 학문에 인도 전통의 학문이 결합되어 발달했는데, 당시 세계 최고 수준을 자랑했지. 가령, 5세기 무렵에 아리아바타라는 학자는 원주율이 3.1415라는 것을 밝혀냈어. 그는 또 지구가 스스로 움직이며 태양 주위를 돈다고 주장했으며, 지구의 그림자가 달을 가리기 때문에 월식이 생긴다는 것도 알아냈어. 갈릴레이가 "지구는 돈다."는 주장을 했다가 재판을 받은 것이 17세기였으니, 유럽의 과학보다 얼마나 앞섰는지 짐작할 수 있겠지? 이 밖에도 인도의 수학자들은 0을 발명해 10진법 체계를 정리하고, 삼각함수를 푸는 방법도 알아냈어. 인도의 수학 지식은 훗날 이슬람 세계를 거쳐 여러 나라로 퍼졌고, 수학 발전에 큰 역할을 했지.

그리고 이 무렵 인도의 철학 역시 아주 수준이 높았어. 굽타 시대에는 힌두 교와 불교 사이에 경쟁이 매우 치열해서, 두 종교의 승려들은 다양한 논쟁을 활발하게 벌였어. 논쟁에서 상대를 이기려면 우선 깊이 연구를 해야 하지. 그러는 가운데 철학이 발달한 거란다. 이 무렵 어떤 힌두 교 승려는 이름난 불교 승려들을 일일이 찾아다니며 논쟁을 벌였대. 그러면서 자신의 이론을 더욱 다듬었다는구나.

이처럼 굽타 시대의 인도 예술과 학문은 지금 봐도 놀라운 수준이었단다. 그리고 시간이 흐르면서 아시아와 유럽 여러 곳으로 퍼져 인류 문화의 발전에 이바지했어. 지금의 우리도 그 영향 아래 있는 셈이지.

자이나 교*
기원전 6세기 무렵에 마하비라가 일으킨 종교이다. 마하비라는 '진리의 승리자'라는 뜻에서 '지나'라고 불렸는데, 여기에서 지나 교 또는 자이나 교라는 이름이 생겼다.

시크 교*
인도의 편자브 지방을 중심으로 일어난 종교이다. 15세기 말쯤에 나나크가 시작한 것으로, 힌두 교와 이슬람 교를 결합한 것이다.

| 힌두 교가 인도 전역에 퍼지다 |

인도에서는 불교, 자이나 교*, 시크 교*, 힌두 교 등 여러 종교가 생겼어. 그런데 이 가운데 가장 많은 인도 사람들이 믿는 종교는 무엇일까? 바로 힌두 교란다. 힌두 교가 인도 사람들 사이에 널리 퍼지기 시작한 것은 굽타 제국 시대였어.

힌두 교는 브라만 교에서 시작되었어. 브라만 교는 우주를 만든 브라흐마를 믿는 종교로, 기원전 1000년경부터 인도 사람들이 믿어 왔지. 그런데 브라만 교는 제사 절차가 까다롭고, 가르침이 어려워 일반 백성들이 쉽게 이해할 수 없었어. 게다가 신분을 나누는 카스트 제도에 따라 신분이 낮은 사람들은 심한 차별을 받았어. 그러니 일반 백성들은 브라만 교에 불만이 많았단다.

바로 이럴 때 불교가 나타나 인도 사람들의 마음을 사로잡았어. 불교는 브라만 교와 달리 제사 절차도 간단하고, 신분에 따라 사람을 차별하는 것은 잘못된 것이라고 가르쳤거든. 불교를 믿는 사람이 갈수록 늘어났고, 불교는 인도 곳곳에 퍼져 나갔어. 특히 마우리아 제국의 아소카 왕은 불교를 국교로 삼고, 승려들을 인도 곳곳에 보내 널리 퍼뜨렸단다. 그에 따라 브라만 교의 영향력은 갈수록 줄어들었지.

"불교를 이길 수 있는 방법이 없을까?"

브라만 교의 지도자들은 고민에 빠졌어. 그들은 궁리 끝에 가르침을 쉽게 고치고, 까다로운 제사 절차도 단순하게 만들었어. 또 사제들의 역할을 줄이는 등 사람들의 마음을 다시 얻으려고 많은 노력을 기울였지. 그러면서 브라만 교는 점차 힌두 교로 발전했단다. 그리고 힌두 교는 여러 지방으로 퍼지는 과정에서 그 지방 사람들이 믿는 신들도 새롭게 힌두 교의 신으로 받아들였어. 심지어 불교의 부처마저 힌두 교의 신으로 흡수했단다.

크리스트 교나 이슬람 교에서는 오로지 하나의 신, 즉 하느님이나 알라만을 믿어야 해. 하지만 힌두 교에서는 꼭 그렇지 않아. 힌두 교에서는 브라흐만, 시바, 비슈누를 최고신으로 모시지만, 필요에 따라 다른 신을 섬겨도 상관이 없어. 그래서 같은 힌두 교도라도 사람에 따라 모시는 신이 다르고, 어떤 신을 모시느냐에 따라 그 방법과 절차가 다르단다.

이처럼 힌두 교가 다른 종교의 장점을 받아들이며 변화를 거듭하자, 인도 사람들 가운데 힌두 교를 믿는 사람이 나날이 늘어났어. 이를 보면서 굽타 제국의 황제들은 무슨 생각을 했을까?

"힌두 교와 손을 잡고 나라를 다스리는 게 유리하겠구나."

굽타 황제들은 힌두 교 사제들에게 많은 땅을 주고, 그 땅에서 세금을 거둘 수 있는 권리까지 주었지. 대신 힌두 교 승려들은 이렇게 보답했어.

"황제는 힌두 교의 최고신인 비슈누*의 화신이오. 백성들은 황제에게 복종해야 하오."

힌두 교가 다시 세력을 넓혀 가는 가운데 카스트 제도는 인도 사회에 더욱 깊게 뿌리내렸단다.

굽타 제국에서 영향력을 키운 힌두 교는 인도 남부까지 세력을 넓혀 갔어. 그런데 남부에서는 토착 신앙이 힌두 교와 한데 섞이면서 북부와는 약간 다른 모습으로 힌두 문화가 발달했단다. 인도 남부 사람들은 감정이 매우 풍부해서, 신을 숭배의 대상이 아니라 사랑의 대상으로 생각했어. 또 그들은 엄숙한 의식보다 춤과 노래 등으로 신을 즐겁게 하는 것을 더 중요하게 생각했어. 그래서 신에게 바치는 노래와 시를 많이 만들었고, 신을 즐겁게 해 줄 아름다운 사원을 곳곳에 세웠지. 그 결과 인도 남부의 문화는 매우 다양해지고, 수준도 높아졌단다.

인도 남부에서 발달한 힌두 문화는 상인과 승려들을 통해 바다 건너 동남아시아로 퍼져 나갔어. 이들은 문화뿐만 아니라 인도의 발달한 정치 체제와 생활 풍습도 함께 전했단다. 그러면서 인도와 동남아시아는 점차 하나의 문화권으로 묶여 갔어.

비슈누*
힌두 교에서 시바, 브라흐만와 함께 가장 높이 받드는 신이다. 세계를 지키고, 질서를 유지하는 일을 한다. 그는 여러 모습으로 세상에 자신을 드러내는 신으로 알려져 있다.

● 클릭! 역사 속으로

인도의 천재 수학자, 아리아바타

"밤하늘의 별이 동쪽에서 서쪽으로 움직이는 것처럼 보이는 것은 별이 움직여서가 아닙니다. 사실은 지구가 돌고 있는 겁니다!"

"뭐라고? 말도 안 돼! 지구는 움직이지 않는다고!"

갈릴레오 갈릴레이의 이야기가 아니야. 이 대화는 5세기 무렵 인도에서 오갔던 거야. 지구가 돈다고 주장을 해서 세상을 깜짝 놀랜 이는 바로 아리아바타였지.

뛰어난 수학자이자 천문학자인 아리아바타는 자신의 연구 결과를 『아리아바티야』라는 책에 남겼어. 아리아바타가 이 책을 쓴 것은 499년으로, 그때 그는 겨우 스물세 살의 젊은이였지.

『아리아바티야』에는 도형의 넓이와 부피를 재는 공식이 나와 있어. 특히 원의 넓이를 구하는 데 필요한 원주율(원둘레와 지름의 비)을 거의 정확하게 제시했지. 또 숫자 대신 문자를 써서 문제를 푸는 대수학도 이 책에 등장한단다. 그는 월식이 일어나는 원인도 정확히 알고 있었어. 또 1년이 365일 6시간 12분 30초라고 주장했으며, 행성의 궤도를 계산하는 공식도 만들었어.

아리아바타처럼 뛰어난 학자가 나올 수 있었던 것은, 이미 그 전부터 인도 사람들이 수학에 대해 많은 연구를 해 두었기 때문이야. 인도에서는 기원전 200년쯤 이미 0의 개념을 알았대. 0이라는 기호를 발명했다는 것은 수학에서는 엄청난 사건이란다.

『아리아바티야』는 8세기 무렵 이슬람 세계에 전해졌어. 이슬람 학자들은 『아리아바티야』를 번역해서 열심히 연구했지. 그리고 훗날 이 책은 유럽까지 전해져서 수학과 천문학의 발달에 큰 영향을 끼쳤어.

1975년에 인도에서는 처음으로 무인 인공위성을 쏘아 올렸어. 인도 사람들은 그 인공위성에 '아리아바타'라는 이름을 붙여서 그의 업적을 기렸단다.

새로운 문화가 나타나요

3~6세기 사이에 아시아와 유럽, 아프리카 대륙 사람들은 활발하게 오가며 문화를 주고받았어. 그 덕분에 새롭고 다양한 문화가 많이 나타났어. 이처럼 문화와 문화가 만나고 부딪치는 가운데 새롭게 변화하는 것을 '문화 접변'이라고 해. 접할 접(接), 변할 변(變)!

문화 접변은 이전의 사회나 국가가 무너지고 새로운 질서가 만들어질 때 많이 나타난단다. 질서가 안정되어 있을 때 문화는 담장 속에 있는 것과 같아. 다른 문화와는 좁은 문

정복 전쟁
말이나 낙타 등을 부리는 기술이 발전해서 더 멀리까지 정복 전쟁에 나설 수 있었다. 그에 따라 다른 문화를 접할 기회도 늘었다. 상대방의 뛰어난 문화를 따라 배우는 가운데 자기네 문화를 발달시킬 수 있었다.

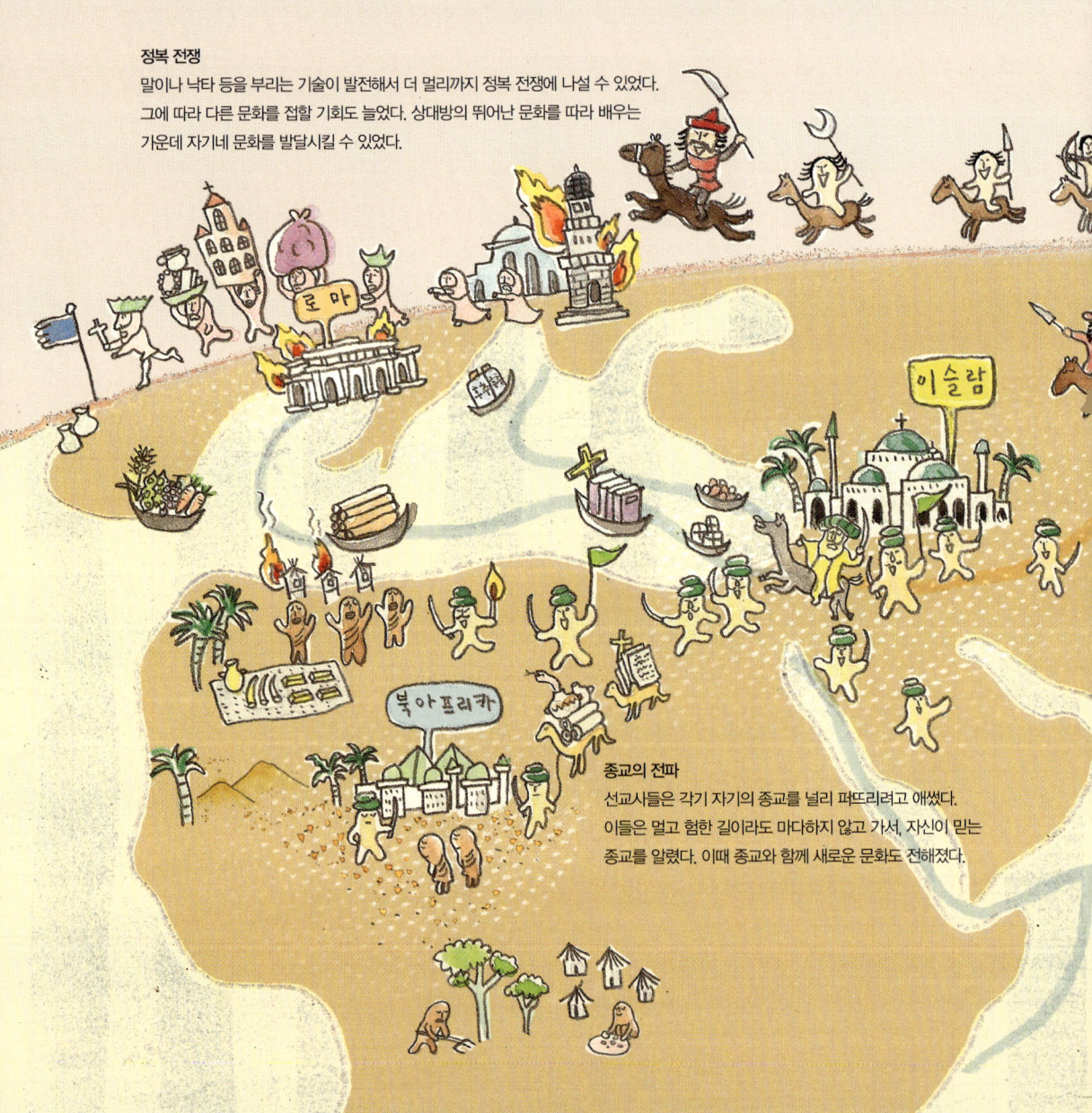

종교의 전파
선교사들은 각기 자기의 종교를 널리 퍼뜨리려고 애썼다. 이들은 멀고 험한 길이라도 마다하지 않고 가서, 자신이 믿는 종교를 알렸다. 이때 종교와 함께 새로운 문화도 전해졌다.

을 통해서만 만날 수 있어. 하지만 질서가 무너지면 담장이 허물어지는 것과 마찬가지야. 다른 문화가 봇물처럼 들어와 어우러지게 돼. 그러니까 전쟁이 일어났을 때나 많은 무리가 먹을 것을 찾아 다른 곳으로 옮겨 갈 때를 비롯해, 사회가 바뀌어 새로운 이념과 사상이 필요할 때, 밖에서 문화나 문물이 쏟아져 들어올 때 문화 접변이 일어난단다.

이 무렵 대표적인 문화 접변은 중국에서 유목민의 문화와 한족의 문화가 어우러진 것, 크리스트 교 문화가 게르만 문화와 만나 일어난 것, 인도 문화가 중국 문화와 섞인 것이란다.

인구의 대이동
흉노의 대이동을 시작으로 아시아와 유럽의 여러 민족이 잇달아 대규모로 이동했다.
중국에서는 초원의 유목민이 중국 북쪽으로 몰려들었고, 한족은 양쯔 강 남쪽으로 이동했다.
그리고 유럽에서는 여러 게르만 족이 대규모로 로마 제국의 땅으로 내려왔다.

교역 활동
상인들은 더 많은 이익을 남기기 위해 먼 나라까지 가서 갖가지 물건을 사왔다. 이들은 수백 명씩 무리지어 교역길에 나섰다. 이때 자신들의 문화를 다른 나라에 퍼뜨리기도 하고, 다른 나라의 문화를 배워 돌아오기도 했다.

500년-700년

2
안정을 되찾은 아프로유라시아

2세기 무렵부터 시작된 유목민의 대이동과 함께 한, 로마 제국 같은 고대 제국이 내부의 분열과 혼란 등으로 힘이 약해져 끝내 무너지고 말았어. 그 뒤 아시아와 유럽 대륙에는 흉노, 선비 같은 유목민과 여러 게르만 족이 세운 작은 나라들이 수없이 나타났다가 사라지기를 반복했어. 오랫동안 혼란과 무질서가 이어졌지.

　하지만 시간이 지나면서 각 지역은 새로 등장한 제국들을 중심으로 안정을 되찾았단다. 중국에서는 수와 당이 중국을 다시 통일해 안정을 이루었어. 지중해 지역에서는 비잔티움 제국이 그리스와 로마 문화를 지키며 크리스트교 세계를 이끌었지. 또 몽골 초원과 중앙아시아를 차지하고 동서를 오가는 비단길을 지배한 돌궐 제국은 교역로를 보호하며 번영을 누리기도 했지.

　그런가 하면 완전히 새로운 제국도 나타났단다. 7세기 초에 아랍 사람들은 이슬람 교를 바탕으로 순식간에 아시아와 유럽, 아프리카를 아우르는 이슬람 제국을 세웠어. 그리고 이 무렵 세계의 교역과 문화를 주도해 나갔단다.

로마와 페르시아를 잇는 두 제국

서로마 제국이 게르만 족에게 무너진 뒤에도 동로마 제국은 비잔티움 제국이라는 이름으로 꿋꿋이 살아남았어. 비잔티움 제국은 활발하게 교역을 벌이며 부를 쌓았고, 독특한 비잔티움 문화를 꽃피웠어. 한편, 서아시아에서는 사산조 페르시아 제국이 교역으로 번영을 누리며 비잔티움 제국의 맞수로 경쟁했어. 이 무렵 비잔티움 제국과 사산조 페르시아 제국의 모습을 함께 살펴보자꾸나.

로마 제국의 부활을 꿈꾸다

로마 제국은 기원전 1세기 무렵부터 지중해 주변과 서유럽의 대부분을 차지하고 번영을 누렸어. 하지만 3세기에 들어서면서 서서히 기울어 갔어. 정복 전쟁에 나가 싸우느라 땅을 돌보지 못한 농민들이 귀족들에게 땅을 빼앗겨 몰락한 뒤, 곳곳에서 폭동을 일으켰어. 또 군인들은 툭하면 반란을 일으켜 황제를 자기들 뜻대로 갈아 치웠지. 이처럼 제국이 어지러워지자 디오클레티아누스 황제는 혼자서는 제국을 다스릴 수 없다고 생각했어. 그래서 제국을 동쪽 지역과 서쪽 지역 둘로 나누어 다스렸지.

그 뒤 콘스탄티누스 황제는 로마 제국의 수도를 아예 동쪽으로 옮길 생각을 했지. 콘스탄티누스는 고대 그리스의 도시였던 비잔티움에 '제2의 로마'를 짓기 시작해서 330년에 완성했어. 그는 새 수도의 이름을 자신의 이름을 따서 콘스탄티노플이라고 정했단다. 그 뒤 로마 제국의 중심은 로마가 있는 지중해 서쪽에서 콘스탄티노플이 있는 지중해 동쪽으로 넘어왔어. 그리고 395년에 로마 제국은 서로마 제국과 동로마 제국, 둘로 완전히 갈렸어. 동로마 제국은 훗날 서로마 제국이 무너진 뒤 수도인 콘스탄티노플의 옛 이름을 따서 비잔티움 제국이라고 불렸단다.

비잔티움 제국이 자리 잡은 지중해 동쪽은 서아시아의 아시리아, 페르시아 제국과 그리스의 알렉산드로스 제국 같은 옛 제국의 전통이 살아 있는 곳이었지. 그

성곽으로 둘러싸인 콘스탄티노플 그림이다. 콘스탄티노플은 비잔티움 제국의 수도로, 전성기 때는 100만 명 이상이 모여 살았던 거대한 도시였다.

래서 헬레니즘 문화의 영향이 매우 크고, 황제의 권력이 아주 강했던 곳이야. 비잔티움 제국의 황제들은 옛 전통을 받아들여 모든 권력을 손에 쥐고 제국을 다스렸어. 그리고 중앙 정부에서 관리를 직접 임명하는 관료제를 유지했지. 또 황제들은 로마 제국의 국교인 크리스트 교의 최고 지도자로서, 주교와 사제들을 직접 임명하고, 교회를 관리했단다.

한편, 비잔티움 제국의 땅은 기름져서 밀, 보리, 올리브, 포도주 같은 농산물이 많이 났어. 또 유리와 보석 세공업, 직물업, 염색업 등 수공업도 활기를 띠었지. 수공업이 활발했다는 것은 곧 상업이 발달했다는 것을 뜻한단다. 상인들은 수공업자들이 만든 물건들을 배나 말 등에 싣고 가서 다른 나라에 팔았어. 그리고 이집트나 남부 유럽에서는 곡물과 보석 등을, 인도와 실론, 중국에서는 비단과 향신료* 등을 콘스탄티노플로 들여왔지. 상인들은 그 물건들을 다시 베네치아나 제노바 상인들에게 넘겨주고 큰 이익을 남겼단다.

향신료*
음식에 맵거나 향기로운 맛을 더하는 조미료이며, 우리나라 말의 '양념'에 해당한다. 고추, 후추, 파, 마늘, 생강, 겨자, 깨 따위가 있다. 이들 향신료는 보통 약의 효과가 있거나 독을 풀어 주는 해독 성분이 있다.

유스티니아누스 황제와 그의 신하들을 그린 기록화이다. 유스티니아누스 황제는 로마 제국의 부활을 꿈꾸며 영토를 넓히고, 『로마법대전』을 만드는 등 많은 업적을 쌓았다.

이렇게 정치와 경제가 안정을 누린 덕분에 비잔티움 제국은 훈 족과 게르만 족의 공격에 시달리면서도 서로마 제국과 달리 잘 버틸 수 있었단다. 그리고 6세기 초, 유스티니아누스 황제 때 지중해의 강자로 다시 힘을 과시하기도 했어. 유스티니아누스 황제는 자신을 로마 제국의 상속자라고 생각했어. 그래서 그는 굳게 결심했지.

'게르만 족이 차지하고 있는 서로마 제국의 옛 땅을 되찾아 로마 제국의 영광을 이어 가야겠다!'

그는 군대를 새롭게 정비해서, 게르만 족에게 빼앗긴 지중해 주변과 북아프리카, 남유럽 정복에 나섰단다. 그는 20년이 넘는 전쟁 끝에 동고트 족이 차지했던 이탈리아 반도, 서고트 왕국이 있던 이베리아 반도, 반달 왕국이 지배하던 북아프리카를 다시 빼앗았어. 덕분에 지중해는 다시 '로마의 호수'가 되었지.

유스티니아누스 황제의 황후인 테오도라의 모습을 모자이크로 그린 기록화이다. 테오도라는 유스티니아누스 황제와 함께 비잔티움 제국이 발전하는 데 많은 공을 세웠다.

유스티니아누스 황제의 업적은 그뿐이 아니야. 그는 이전의 로마법을 새롭게 정리해서 『로마법대전』을 만들었어. 로마 제국의 전통을 잇는다는 것을 내보이는 한편, 하나의 법으로 다스림으로써 나라를 다시 통합하기 위해서였지. 훗날 유럽 국가들은 『로마법대전』을 기본 틀로 삼아 법률을 만들었단다. 이 밖에도 유스티니아누스 황제는 많은 교회를 세웠어. 그 가운데 새롭게 고쳐 지은 하기야 소피아 성당은 비잔티움 제국의 영광과 번영을 상징하는 대표적인 건축물이 되었지.

그런데 유스티니아누스 황제가 되살린 로마 제국의 영광은 오래 가지 못했어. 그가 죽고 얼마 지나지 않아 이슬람 세력에게 북아프리카와 에스파냐 지역을 빼앗기고, 북쪽으로는 불가르 족에게 시달리는 신세가 되었어. 비잔티움 제국은 주위의 적들과 맞서 싸우기도 하고, 때로는 많은 돈을 주고 평화를 사기도 했단다. 그럼에도 불구하고 비잔티움 제국은 12~13세기 무렵까지 크리스트 교 세계에서 가장 강력한 나라였어. 계속되는 이슬람 세력의 침략에 맞서 크리스트 교 세계를 지키는 든든한 방패 역할을 했던 거야.

한편, 비잔티움 제국에서는 경제적인 번영 덕분에 문화가 크게 발달했고, 크리스트 교 세계에서 가장 앞선 문화를 자랑했지. 비잔티움 제국의 문화에 가장 큰 영향을 끼친 것은 뭐니 뭐니 해도 크리스트 교였어. 크리스트 교는 로마 제국 말기에 국교가 되었는데, 그 뒤로 로마 사람들은 대부분 크리스트 교를 믿었지. 그것은 비잔티움 사람들도 마찬가지였어.

그리고 당시 비잔티움 제국은 이슬람 세력과 종교 문제로 자주 충돌했어. 비잔티움 제국의 부를 노린 다른 민족의 침략도 많이 받았어. 이렇게 전쟁에 시달리는 동안, 사람들은 전쟁의 두려움에서 벗어나 마음의 평화와 안정을 찾으려고 크리스트 교에 더욱 의존했어. 크리스트 교는 시간이 갈수록 비잔티움 사람들의 생활 방식과 생각, 문화와 예술 등 모든 분야에서 걸쳐서 큰 영향력을 발휘했지.

그러다 보니 비잔티움 제국 시대에는 종교 예술이나 신학이 두드러지게 발달했어. 웅장하면서도 신비로운 교회 건축물, 예수나 크리스트 교 성인의 모습을 새긴 조각, 종교적인 내용을 담은 모자이크 등은 비잔티움 종교 예술의 신비롭고 독특한 분위기를 잘 전해 준단다.

이와 같은 비잔티움 예술의 특징은 단순히 크리스트 교의 영

헬레니즘 문화*
기원전 334년에 알렉산드로스 왕이 페르시아와 인도 서북부를 정복할 무렵부터 기원전 30년에 로마가 이집트를 지배할 때까지, 그리스와 서아시아가 영향을 주고받으면서 만들어 낸 문화이다.

향 때문만은 아냐. 그 바탕에는 고대 그리스와 페르시아 문화가 어우러진 헬레니즘 문화*가 깔려 있어. 비잔티움 제국이 자리 잡은 지중해 동쪽 지역은 옛 페르시아와 그리스, 그리고 헬레니즘 문화가 꽃을 피웠던 곳이었지. 그래서 자연스레 이들 나라의 문화가 녹아든 거야.

이와 함께 알아야 할 것이 하나 더 있어. 서로마 제국이 무너진 뒤, 비잔티움 제국은 그리스와 로마의 문화와 전통을 고스란히 유지하는 유일한 나라였어. 비잔티움 학자들은 꾸준히 그리스와 로마 시대의 철학이나 문학, 과학과 기술을 다룬 책을 열심히 읽고 연구했어. 그리고 예부터 전해 내려오는 귀한 책들을 일일이 손으로 베껴서 잘 보존하는 일도 게을리하지 않았지. 오늘날 우리가 수천 년 전 고대 그리스의 철학과 문화를 잘 알 수 있는 것은 바로 비잔티움 학자들의 이런 노력 덕분이란다.

| 콘스탄티노플이 번영을 누리다 |

유스티니아누스 황제가 죽은 뒤 비잔티움 제국은 주변의 여러 나라에 시달렸어. 하지만 그러는 동안에도 수도 콘스탄티노플은 정치와 경제, 문화의 중심지로 중세 유럽과 지중해 세계에서 이름을 떨쳤단다.

콘스탄티노플은 10미터가 넘는 거대한 성벽으로 둘러싸여 있었어. 성벽 주위에는 못을 깊이 팠고, 90여 개의 감시탑이 일정한 간격으로 서 있어서 적들이 감히 침입할 엄두도 못 내었단다. 이 성벽은 1000년 넘게 콘스탄티노플을 지켜 주는 든든한 방패막이 구실을 했어.

성벽 안으로 들어가 볼까? 도시 가운데에 있는 대궁전, 대경기장, 공중목욕탕 등은 로마에서 본 것과 거의 비슷하단다. 모두 로마의 건축물을 본떠 지었기 때문

6세기 무렵 비잔티움 제국

비잔티움 제국은 유스티니아누스 황제가 다스리던 6세기 무렵 전성기를 누렸다. 유스티니아누스 황제는 옛 서로마 제국을 차지한 게르만 족을 내몰고 지중해를 다시 '로마의 호수'로 만들었다. 그리고 비잔티움 제국의 수도인 콘스탄티노플은 정치, 경제, 문화의 중심지로 번영을 누렸다.

라벤나의 성당에 그려진 예수의 모자이크 초상화이다. 라벤나는 비잔티움 제국 시대 지중해 교역의 중심지로 번영을 누린 도시이다.

베네치아

라벤나

수도사들은 크리스트 교를 퍼뜨리기 위해 유럽 곳곳을 다녔다.

카르타고

비잔티움의 관리가 백성들을 만나고 있다.

카르타고에 있는 로마 제국 시대의 유적이다. 로마와 지중해를 두고 다투던 카르타고는 로마 제국 시대에도 북아프리카의 대표적인 도시로 번영을 누렸다.

크로아티아에 있는 유프라시아 바실리카 수도원의 내부이다. 비잔티움 제국 시대에 발달한 모자이크 그림으로 유명하다.

이야. 그 가운데 먼저 황제가 사는 대궁전부터 둘러보자. 대궁전은 여러 채의 건물로 이루어진 거대한 곳이야. 황제를 모시는 시종, 경비 부대, 관리 등 2만 명이 넘는 사람들이 지내야 했으니 그럴 수밖에.

대궁전과 연결된 대경기장에서는 축제일이나 기념일이 되면 전차 경주가 열렸단다. 경주는 보통 아침부터 저녁까지 계속되었어. 그런 날이면 수만 명이 편을 나눠 박수를 치고, 함성을 지르며 응원하느라 하루 종일 도시 전체가 떠나갈 듯했지. 이때 황제는 시민들에게 과일과 채소를 나누어 주기도 했단다.

이번에는 귀족과 부유한 상인들의 집을 엿볼까? 그들은 아름다운 분수와 연못이 있는 정원이 딸린 집에서 살았단다. 식사를 할 때면 수프와 빵, 꿀을 바른 과자, 샐러드, 생선, 신선한 해산물, 치즈와 과일, 포도주 등을 먹었지. 이들은 나이프와 포크로 음식을 먹었단다. 서유럽에서는 16세기쯤에야 나이프와 포크를 쓰기 시작했다는데 말이야.

하지만 이처럼 부유하게 산 사람은 얼마 되지 않았어. 대부분의 시민들은 벽돌로 벽을 쌓고, 타일로 지붕을 얹은 작고 어두침침한 집에서 살았지. 그들은 말린 과일, 돼지고기, 빵과 수프 등을 주로 먹었단다. 물론 귀족과 부유한 상인들의 집에서 본 것과는 양과 질이 다르지. 겨울에는 방 안에 숯 화로를 피워 놓고 그 주변에 가족들이 모여 추위를 이겨 내야 했어.

이제 거리로 나가 볼까? 거리에서는 귀족들이 가마나 마차를 타고 지나가는 모습을 심심치 않게 볼 수 있었어. 가끔씩은 황제가 화려한 행렬을 이끌고 지나가기도 했지. 그뿐 아니라 여러 나라에서 온 사람들 모습도 쉽게 볼 수 있었단다. 그리스, 페르시아, 인도, 동유럽, 이집트 등지에서 금은 세공품, 가죽 제품 등을 사러 온 사람들이지. 기록에 따르면 콘스탄티노플에서는 자그마치 73가지 언어를 들을 수 있었다고 해. 그만큼 세계 곳곳에서 많은 사람들이 콘스탄티노플을 찾았다는 것을 알 수 있어.

한쪽에는 가게가 즐비한 거리도 있었어. 가게에는 자수품이나 구리, 금으로 만든 세공품, 가죽 제품, 유리 제품, 보석 들이 가득했어. 인도나 서아시아, 멀리 중앙아시아에서 온 대추야자, 호두 등도 있었단다. 특히 중국에서 온 비단은 귀족들이나 부유한 사람들에게 인기가 매우 높았지. 그런가 하면 서점이 모여 있는 거리도 있었어. 그 거리에는 책을 사려는 학자와 학생들로 늘 붐볐지. 페르시아나 인도에서 온 상인들이 책을 뒤적거리는 모습도 자주 눈에 띄었단다.

이번엔 거리를 오가는 사람들 구경이나 해 볼까? 사람들은 대부분 치렁치렁한 자락을 한쪽 어깨에 걸치고 허리에 끈을 맨 헐렁한 옷을 입었어. 로마 사람들이 입던 토가라는 옷이지. 가난한 사람들은 무명으로 만든 볼품없는 토가를 입고 있지만, 귀족이나 부유한 사람들은 비단으로 만든 화려한 외투를 걸쳤어. 부잣집 여자들은 외출할 때 베일을 쓰고 귀걸이, 팔찌, 목걸이 등 갖가지 장신구로 멋을 부렸지.

이처럼 콘스탄티노플은 빈부의 격차가 심했어. 하지만 가난한 사람과 부자 사이의 갈등이 다른 곳보다는 적었다는구나. 그것은 정부와 교회가 가난한 자들을 보살피는 데 많은 노력을 했기 때문이야. 정부와 교회는 가난하고 병든 사람들을 치료하는 데 힘을 쏟았고, 날마다 8만 개의 빵을 가난한 사람들에게 나누어 주었어. 그리고 상하수도 시설을 갖춰서 누구나 공짜로 물을 사용할 수 있도록 했지. 가난한 사람과 부자의 갈등이 크지 않았다는 것은 그들이 한동네에 어우러져 살았다는 것을 봐도 알 수 있단다.

어때, 콘스탄티노플의 활기찬 모습이 머릿속에 그려졌니? 콘스탄티노플은 무려 1100년이 넘도록 비잔티움의 수도로서, 유럽의 중심지로서 역할을 다했단다.

페르시아 제국이 다시 살아나다

비잔티움 제국이 로마 제국의 영광을 되살리기 위해 힘을 쏟고 있을 때, 동쪽 국경 지역에는 사산조 페르시아가 있었어. 사산조 페르시아는 알렉산드로스 왕에게 멸망당한 페르시아 제국을 이어받았다고 주장했던 나라야.

사산조 페르시아 이전에 옛 페르시아 제국 땅에는 파르티아가 있었어. 파르티아는 어떤 나라냐고? 기원전 3세기 무렵에 이란 족이 그리스 사람들을 몰아내고 세운 나라지. 파르티아는 기원전 1세기 무렵 중국과 지중해 지역을 잇는 비단길이 열린 뒤로 교역을 활발히 벌여 번영을 누렸어. 비단길이 지나는 길목을 차지하고 있어서 파르티아 상인들은 교역에 매우 유리했단다. 그들은 중국이나 인도에서 오는 물건을 남들보다 먼저 싼값에 사서 로마 제국의 귀족들에게 비싼 값에 팔았어. 하지만 파르티아는 로마 제국과 자주 전쟁을 벌였고, 그러면서 점점 힘을 잃어 갔어. 그 틈을 노려 사산조 페르시아가

7세기 무렵 만든 사산조 페르시아의 황금 접시이다. 접시에는 멧돼지 사냥에 나선 사산조 페르시아 황제의 모습이 새겨져 있다.

사산조 페르시아 때 만든 날개 달린 사자 조각상이다.

226년에 파르티아를 무너뜨리고 서남아시아의 새로운 강대국으로 발돋움했단다.

사산조 페르시아의 번영을 이끈 왕은 샤푸르 1세였어. 그는 인더스 강까지 쳐들어가 쿠샨 제국을 정복하고, 로마 제국과 옛 페르시아 땅을 두고 치열하게 싸웠어. 그러는 한편 비단길 교역으로 나라의 부를 쌓았어. 사산조 페르시아 상인들 역시 파르티아 상인들처럼 중국의 비단을 중간에서 싸게 사들여 로마 귀족들에게 비싸게 팔아넘기는 방법으로 많은 이익을 챙겼단다. 중국 비단을 너무 많이 사느라 서로마 제국이 망했다는 이야기도 있는데, 그렇다면 사산조 페르시아도 거기에 힘을 보탰다고 볼 수 있겠구나.

잘나가던 사산조 페르시아도 5세기 무렵에는 훈 족의 한 무리인 에프탈의 침략을 받아 위기를 겪었어. 하지만 그 뒤 호스로우 1세가 등장해 나라를 추스르고 번영을 이끌었지. 호스로우 1세는 정치, 경제, 문화 등 모든 면에서 사산조 페르시아의 황금시대를 열었단다. 그는 비잔티움 제국의 유스티니아누스 황제와 싸워 승리를 거둔 뒤 엄청난 액수의 조공을 받을 정도로 위세를 떨쳤지. 그리고 비잔티움 제국의 영토인 소아시아 일부와 시리아, 이집트를 차지해서 페르시아 제국의 옛 영토를 거의 되찾았어. 호스로우 1세는 밖으로는 영토를 넓히는 한편, 안으로는 세금 제도를 가다듬어 백성들의 부담을 덜어 주었단다.

사산조 페르시아는 지중해 세계와 중국을 잇는 교통의 요지에 자리 잡고 있었어. 사산조 페르시아의 황제들은 이러한 지리적 이점을 이용해 동서 교역을 장려했단다. 사산조 페르시아는 중국의 비단과 로마의 은을 교역하는 중심지가 되어 동서 교역의 이익을 독점할 수 있었지. 사실 사산조 페르시아가 비잔티움 제국과 싸운 것도 동서 무역에서 유리한 위치를 차지하기 위해서였어.

그렇다고 해서 사산조 페르시아가 남의 나라 물건만 판 것은 아니야. 사산조 페르시아의 벽걸이, 보석, 동으로 만든 그릇, 화장품 등은 당시 세계 최고의 기술을 자랑하던 중국인들에게도 크게 환영받았단다. 사산조 페르시아에서 만든 금은 공예품과 유리, 염색 등은 세계 최고의 수준을 자랑했어.

물건을 사고팔다 보면 서로의 문화도 주고받게 마련이야. 사산조 페르시아 사람들은 페르시아 고유문화에 그리스와 인도의 미술을 받아들여 독특한 사산조 페르시아의 미술을 탄생시켰단다. 이렇게 탄생한 사산조 페르시아 미술은 다시 이슬람 세계와 비잔티움 제국, 그리고 중국의 당에 퍼졌고, 우리나라에도 영향을 주었지. 통일신라 때의 돌 조각품에서 사산조 페르시아 미술의 영향을 받은 사자와 공작의 모습을 볼 수 있어.

사산조 페르시아는 그리스 학문의 영향도 많이 받았어. 비잔티움 제국의 유스티니아누스 황제가 그리스 철학과 학문이 크리스트 교의 교리에 어긋난다는 이유로 그리스 학문 연구를 주로 하는 아테네의 아카데미를 없앤 일이 있어. 그러자 비잔티움의 많은 학자들이 사산조 페르시아로 건너왔고, 이들을 통해 그리스 학문이 널리 퍼졌어. 그러면서 사산조 페르시아의 과학과 기술, 학문은 크게 발전했고, 높은 수준을 자랑했어.

그런데 사산조 페르시아 제국도 결국에는 파르티아의 뒤를 따르게 된단다. 무슨 말이냐고? 비잔티움 제국과 계속해서 전쟁을 벌이는 통에 힘이 약해졌는데, 그때 아라비아 반도에서 힘을 키운 이슬람 세력의 공격을 받아 결국 역사에서 사라졌거든. 그렇지만 사산조 페르시아는 행정과 세금 제도 등 국가 체제, 고대 메소포타미아로부터 이어진 페르시아 고유 문명과 그리스의 철학, 인도의 문학 등을 새로운 이슬람 제국에 물려주었어. 이때 이슬람 제국으로 전해진 그리스와 로마 문화는 수백 년 뒤에 다시 유럽으로 전해져 유럽 르네상스*의 밑거름이 된단다.

르네상스*
14~16세기에 유럽에서 일어난 문화 운동이다. 상업이 발달한 이탈리아의 여러 도시에서 시작되어 유럽 여러 나라로 퍼져 나갔다. 개성과 합리적인 사고를 바탕으로, 개인의 욕망을 인정한다. 문학, 미술, 건축, 자연 과학 등 여러 방면에 걸쳐 유럽 문화의 근대화에 큰 영향을 끼쳤다.

클릭! 역사 속으로
용감한 황후, 테오도라

"황제가 도망을 치다니, 부끄러운 줄 아셔야지요!"

넓은 왕궁 안에 카랑카랑한 테오도라 황후의 목소리가 울려 퍼졌어. 유스티니아누스 황제와 신하들은 이 소리에 깜짝 놀랐어. 테오도라는 침착한 목소리로 말을 이었지.

"나는 황후 자리를 잃고는 하루도 살지 않을 거예요. 나는 이곳에 머물겠습니다."

그 시각 궁 밖에서는 백성들이 유스티니아누스 황제를 향해 분노를 터뜨리고 있었어. 얼마 전 유스티니아누스 황제가 정치 집단 사이의 싸움을 힘으로 누르고, 그 지도자들을 벌주었거든. 이에 화가 난 백성들은 거리로 뛰쳐나와 의사당과 하기야 소피아 성당에 불을 질렀어. 유스티니아누스 황제는 이러다가는 목숨을 잃을 수도 있겠다 싶어서 도망갈 채비를 하고 있던 참이었어.

하지만 유스티니아누스 황제는 테오도라의 말을 듣고 마음을 다잡았어. 용기를 되찾은 유스티니아누스 황제와 신하들은 결국 반란군을 물리치고 황제 자리를 지켰지.

목숨이 위험한 상황에서도 당당하게 맞섰던 테오도라. 그녀는 신분이 낮은 서커스 단원 출신이었어. 하지만 테오도라와 사랑에 빠진 유스티니아누스는 신분의 벽을 뛰어넘어 결국 결혼에 성공했어.

테오도라는 황후의 자리에 오른 뒤에 유스티니아누스 황제와 함께 비잔티움 제국을 다스리는 데에 힘썼어. 유명한 『로마법대전』을 만드는 데에도 테오도라의 역할이 컸어. 테오도라는 특히 여성을 많이 배려했어. 이혼을 할 때 여성이 많은 권리를 가질 수 있게 법을 고친 것도 테오도라였지. 비잔티움 제국은 유스티니아누스 황제 때 전성기를 누렸는데, 테오도라가 없었다면 불가능했을지도 모르겠구나.

이슬람 제국의 등장

서울의 충무로를 흔히 '한국 영화의 메카'라고 부른단다. 이때 메카는 중심지라는 뜻이야. 그런데 메카라는 말이 어디서 유래했는지 아니? 메카는 지금의 사우디아라비아에 있는 도시의 이름이야. 이곳은 이슬람 교의 성지로, 지금도 매일 16억 명이 넘는 무슬림들이 메카를 향해 예배를 올리고 있지. 그럼, 이슬람의 중심지 메카를 살펴보면서 이슬람의 탄생과 이슬람 세력의 확장을 알아보자꾸나.

| 이슬람 교가 아라비아에 나타나다 |

지도에서 아라비아 반도를 한번 찾아볼래? 이곳에 있는 나라들은 석유로 큰돈을 벌어, 대체로 매우 부유하단다. 그러나 지금부터 1500년 전에는 북쪽의 메소포타미아 지역과 비옥한 초승달 지역, 서쪽의 이집트에 비해서 가난하고, 문화도 뒤떨어져 있었어. 그러다가 비잔티움 제국과 사산조 페르시아 제국이 시리아와 아르메니아 지역을 차지하려고 싸우는 통에 엉뚱하게 아랍 사람들이 이득을 봤지.

그게 무슨 뜻이냐고? 당시 사산조 페르시아와 비잔티움 제국 사이에는 비단길이 가로지르고 있었어. 그런데 두 나라가 끊임없이 싸우느라 비단길이 막히고 말았던 거야.

"중국의 비단을 사야 하는 데 전쟁으로 비단길은 위험하고 어떻게 해야 하지?"

비잔티움 제국이나 지중해 연안에 살던 사람들은 비단 때문에 애가 탔어. 궁하면 통한다는 말이 있듯이, 그들은 돌아가는 길을 찾아냈단다. 이집트나 동부 지중해에서 아라비아 해를 따라 내려가 아라비아 반도 남쪽을 거쳐 홍해 연안으로 돌아서 가는 길을 개척한 거지. 이 길은 멀긴 해도 안전했기 때문에 상인들의 발길이 끊이지 않았어. 그 덕분에 아라비아 반도의 서쪽에 있는 메카, 메디나, 제다 등의 도시가 무역의 중심지로 떠오르며 발전했지. 그러면서 무역으로 큰돈을 번 상인들이 생겼고, 그들은 사치와 향락에 빠져 흥청댔어. 하지만 한편에서는 그늘진 곳에서 어렵게 사는 이들도 많았어. 가난한 사람들은 점점 소외감을 느꼈고, 공동체의 단결력은 약해졌지.

바로 이러한 때에 아라비아 반도에서 이슬람 교라는 새로운 종교가 나타났단다. 이슬람 교는 메카의 상인인 무함마드가 만들었어. 무함마드는 611년에 명상을 하다가 하느님의 말씀을 들었어. 그 뒤 무함마드는 주변 사람들에게 하느님의 말씀을 전하기 위해 노력했단다.

"신은 오직 알라 한 분이니, 모든 우상을 거부해야 한다."

"신에게 복종하는 무슬림(이슬람 교도)은 천국에 갈 것이다."

"무슬림은 겸손해야 하고, 같은 피를 나눈 형제자매처럼 지내야 한다."

비잔티움 제국의 병사와 사산조 페르시아의 병사가 싸우는 모습을 그린 기록화이다. 비잔티움 제국과 사산조 페르시아는 교역로를 두고 자주 충돌했다.

알라＊
아랍어로 '신'이라는 뜻이다. 이슬람의 알라는 기독교의 하느님과 같은 의미이다. 이슬람교에서는 인간의 능력으로 알라의 존재를 잘 알 수 없다는 이유로, 알라를 신상이나 조각 따위로 나타내지 못하도록 하고 있다.

"가난한 사람을 돌보고, 검소하게 살아야 한다."

그런데 무함마드가 알라＊의 가르침을 퍼뜨리는 데에는 장애물이 있었어. 당시 메카에는 '카바'라는 신전이 있었는데, 세계 곳곳에서 온 사람들이 자기가 모시는 신과 우상을 이곳에 두고 종교 의식을 치렀단다. 메카의 상인들은 신전으로 모여드는 사람들을 상대로 장사를 해서 짭짤한 수입을 올렸지.

"뭐? 알라 외의 다른 신은 모시면 안 된다고? 그럼 우리는 뭘 먹고 살란 말이야?"

상인들은 무함마드의 가르침이 널리 퍼졌다가는 장사가 안 되겠구나 싶었지. 그래서 그들은 무함마드를 미워하고, 협박하기도 했단다. 그런 가운데, 무함마드를 지켜 주던 작은 아버지와 아내가 잇달아 죽었어. 무함마드는 외로운 처지가 되고 말았지. 마침 이때 야스리브란 도시에서 신도들이 찾아와 무함마드를 초대했단다. 무함마드는 고민 끝에 이렇게 결심했어.

"메카에 있다가는 언제 죽임을 당할지 모른다. 이 기회에 몸을 피해야겠다."

무함마드는 몇몇 추종자들과 함께 야스리브로 탈출했어. 이를 가리켜 '성스러운 도망'이란 뜻의 '히즈라'라고 불러. 무함마드를 따르는 무슬림들은 히즈라가 있었던 622년을 이슬람 원년으로 삼는단다. 야스리브는 나중에 '예언자의 도시'라는 뜻의 '메디나'로 이름이 바뀌었어.

무함마드는 메디나에서 세력을 키운 뒤, 630년에 메카를 차지했단다. 그리고

무함마드가 하늘로 승천하는 모습을 그린 기록화이다.

『무함마드 이야기』에 실린 그림이다. 알라를 믿고 따른 사람은 좁은 사다리를 지나 천국에서 은총을 받는다는 내용을 담고 있다.

이슬람 교의 경전인 『쿠란』이다. 『쿠란』은 무함마드가 천사를 통해 전해 들은 알라의 가르침을 정리한 책으로, 아랍 어로 기록되어 있다.

칼리프[*]
아랍 어로 '뒤따르는 자'라는 뜻이다. 처음에는 무함마드의 후계자라는 의미로 쓰이다가, 나중에 이슬람 제국의 정치와 종교 지도자를 뜻하는 말로 변했다.

정복 전쟁을 벌여 아라비아 반도를 통일하고, 아랍 사람들에게 이슬람 교를 퍼뜨렸어.

여기서 잠깐 이슬람 교에 대해 알아볼까? 무함마드는 자신이 신으로부터 들은 계시를 모은 『쿠란』을 남겼어.

『쿠란』은 무함마드의 말과 행동을 기록한 『하디스』와 함께 이슬람 교의 가장 중요한 경전이란다. 또 이슬람 교에는 다른 종교와 달리 성직자가 따로 없어. 신자는 알라에게 직접 기도를 드리지.

『쿠란』과 『하디스』에 바탕을 둔 이슬람 교의 교리는 누구나 이해할 수 있을 만큼 쉽고, 단순하단다. 잠시 살펴볼까? 이슬람 교에서는 신앙이 여섯 가지의 믿음과 다섯 개의 기둥을 통해 유지된다고 말해. 여섯 가지의 믿음이란 신, 천사, 경전, 예언자, 최후 심판, 예정을 믿는 것을 뜻해. 그리고 다섯 개의 기둥은 증언, 기도, 기부, 금식, 성지 순례를 가리키지.

여기에서 증언은 "알라만이 유일신이며, 무함마드는 그의 예언자이다."라고 고백하는 거야. 기도는 날마다 기상 후, 점심, 오후, 일몰 후, 취침 전 등 모두 다섯 번 한단다. 기부는 이슬람 교에서 정한 인도주의적인 자선으로, 부자와 가난한 사람 모두 대개 수입의 4분의 1을 공동체에 내놓는 거야. 이것은 탐욕을 억누르고, 경제적 불평등을 누그러뜨리는 장치이기도 해. 금식은 라마단의 달인 9월 한 달 동안 해가 떠 있을 때는 음식을 먹지 않는 것이지. 그리고 성지 순례는 12월 7일부터 1주일 동안 메카를 순례하는 거야. 평생에 한 차례 이상 성지 순례를 하는 것이 무슬림들의 의무란다.

이 밖에 이슬람 교에서는 과부와 고아, 약한 사람들을 돌보는 일을 매우 중요하게 여겨. 이처럼 혈연보다 공동체를 중시하고, 차별 없이 평등을 강조하는 이슬람 교의 교리는 많은 사람들의 마음을 샀어. 그래서 많은 사람들이 빠른 속도로 이슬람 교를 받아들였단다.

우마이야 가문이 이슬람 제국을 세우다

632년에 무함마드가 죽자, 그의 장인인 아부 바크르가 무함마드의 뒤를 이어 이슬람 교를 이끄는 칼리프*로 선출되었어. 그런데 아부 바크르는 2년 뒤에 병으로 죽고, 우마르가 새로운 칼리프가 되었단다.

우마르는 알라에 대한 믿음으로 무장한 아랍 전사들을 앞세워 이슬람 제국 건설에 나섰어. 우마르의 지휘 아래 이슬람 군대는 636년에 비잔티움 제국의 군대를 야르무크 강에서 크게 물리쳤단다. 그러고는 비잔티움 제국의 땅인 서남아시아와 이집트 등을 차례차례 점령했지. 또 641년에는 아라비아 반도 북동쪽에 있던 사산조 페르시아를 멸망시켰어.

이슬람 군대가 당시 강대국이었던 비잔티움 제국과 사산조 페르시아와 싸워서 쉽게 승리를 거둔 데에는 이유가 있어. 당시 두 나라는 오랫동안 서로 싸우느라 힘이 빠져 있었어. 그리고 백성들은 무거운 세금에 시달렸기 때문에 이슬람 군대와 맞서기보다는 도리어 이슬람 군대를 반기는 경우도 있었지. 또 이슬람 교는 가르침이 쉽고 단순해, 사람들이 이슬람 교를 쉽게 받아들였지.

우마르는 무함마드의 가르침을 충실하게 따라서 정복한 땅을 다스렸어. 세금만 내면 이집트 사람, 페르시아 사람, 유대 사람들이 이슬람 교가 아닌 다른 종교를 믿더라도 상관하지 않았고, 개종을 강요하지도 않았어. 또 아랍 사람이 아니더라도 이슬람 교로 개종하면 세금도 면제해 주고 차별하지도 않았지.

그런데 661년에 이슬람 세계 내부에서 큰일이 일어났어. 우마이야 가문의 무아위야*가 무함마드의 사위로 4대 칼리프가 된 알리를 암살하고 새로운 칼리프가 된 거야. 이것은 무함마드 집안의 사람들 가운데 후계자를 추대한 정통 칼리프 시대가 끝났다는 것을 뜻한단다.

무아위야가 칼리프가 된 뒤로 이슬람 세계는 큰 변화를 겪었어. 우선, 이전에는 선거로 칼리프를 뽑았지만, 무아위야 이후로는 칼리프 자리를 자식에게 물려주는 세습으로 바뀌었어. 그리고 무슬림들은 무아위야를 지지하는 수니파와, 무아위야를 반대하는 시아파로 갈라졌단다. 시아파는 "암살된 알리가 무함마드의 정통 후계자"라고 주장했지. 수니파와 시아파는 지금도 갈등을 빚고 있는데, 이란과 이라크를 비롯해 몇몇 나라를 빼고는 수니파가 훨씬 많아.

우마이야 제국은 다마스쿠스에 수도를 정하고, 90여 년 동안 이슬람 세계를 지배했어. 그러는 동안 우마이야 제국의 군대는 오늘날의 리비아, 튀니지, 모로코가 있는 북아프리카 서부를 점령하고, 이어서 이베리아 반도를 지배하던 서고트 왕국을 멸망시켰단다. 한때는 프랑스 남부와 시칠리아 섬까지 지배했지.

이처럼 이슬람 세력이 빠르게 팽창하는 가운데, 서유럽의 크

무아위야*
7세기 초에 이슬람 제국인 우마이야 제국을 세웠다. 정통 칼리프 시대의 마지막 칼리프인 알리를 암살한 뒤 칼리프에 오르고, 다마스쿠스에 새 왕조를 열었다. 세습 칼리프 제도를 확립하고, 해군을 길러 비잔티움 제국에 대항했다. 661~680년 사이에 칼리프로 있었다.

리스트 교 세계는 위기에 몰렸어. 그런데 732년에 우마이야 제국의 군대는 서유럽을 대표하는 프랑크 왕국의 군대와 투르-푸아티에에서 맞붙었단다. 우마이야 제국의 군대는 이 전투에서 져서 유럽으로 뻗어나가는 것을 멈추었어.

그렇지만 우마이야 제국은 '로마 제국의 호수'였던 지중해를 '이슬람 세계의 바다'로 만들었고, 서아시아에서 북아프리카, 남유럽에 이르는 넓은 지역을 다스리는 거대한 제국이 되었어. 제국 안에는 아랍 사람들을 포함해 유대 사람, 그리스 사람, 베르베르 사람, 페르시아 사람 등 많은 민족이 살았지. 우마이야 제국의 칼리프들은 넓은 영토와 여러 민족들을 효과적으로 다스리는 데 힘을 쏟았단다. 행정 제도를 정비하고 우편 제도를 만들었으며, 아랍 어를 공용어로 삼았어. 그 결과 우마이야 제국이 다스리는 지역은 아랍 어를 공용어로 사용하는 하나의 문화권이 되었지. 오늘날에도 이 지역들을 '아랍권'으로 불러.

그런데 시간이 지날수록 우마이야 제국의 칼리프들은 슬슬 나랏일에 게으름을 부리기 시작했어. 으리으리한 궁정을 짓고, 사치와 향락을 즐겼으며, 아랍 사람들만을 중심으로 나라를 운영해 갔단다. 이것은 사치를 금지하고, 무슬림이라면 인종에 상관없이 형제자매라고 가르친 이슬람 교의 교리에 어긋나는 것이야. 게다가 지배층의 사치를 위해 세금을 마구 거두었단다. 원래 이슬람 세계에서 무슬림은 세금을 내지 않아도 되거든. 그러니 무슬림들은 불만을 품게 되었고, 세금을 내지 않으려는 이들도 점점 늘었지. 그러자 칼리프들은 이런 대책을 세웠어.

"걷히는 세금이 너무 적잖아! 앞으로는 새로 정복한 지역의 주민들이 무슬림이 되는 것을 금한다. 그리고 무슬림이더라도 아랍 사람이 아니라면 세금을 거두겠다!"

사람들은 우마이야 정부를 더욱 미워하게 되었고, 여기저기서 반란을 일으켰어. 이때 아바스 가문이 나서서 평등과 형제애를 강조하는 이슬람 원칙에 좀 더 충실할 것을 주장하며 사람들을 모았지. 결국 750년에 우마이야 제국은 아바스 가문에게 무너지고 말았어.

8세기 무렵 이슬람 세계

무함마드가 이슬람 교를 만든 뒤, 이슬람 세계는 빠르게 영역을 넓혔다. 그리고 정통 칼리프 시대와 우마이야 제국 시대를 거치면서 이슬람 세계는 서아시아와 북아프리카, 남유럽 일대를 아우르는 대제국이 되었다.

비잔티움 제국 군대와 싸우는 이슬람 군대의 모습이다.

코르도바

토론하고 있는 코르도바의 무슬림 학자이다. 이슬람 세계의 학문은 매우 높은 수준을 자랑했다.

교역을 위해 사막을 지나가는 무슬림 상인들이다.

사막에 있는 오아시스이다. 사막을 지나는 상인들은 오아시스에서 잠시 휴식을 취하기도 했다.

카이로

이집트 카이로에 있는 이흐마드 이븐 툴룬 모스크의 마당이다. 876년에 처음 세웠다.

후기 우마이야 시대의 수도인 코르도바에 있는 모스크와 다리이다. 코르도바는 유럽에 이슬람 문화와 학문을 퍼뜨렸다.

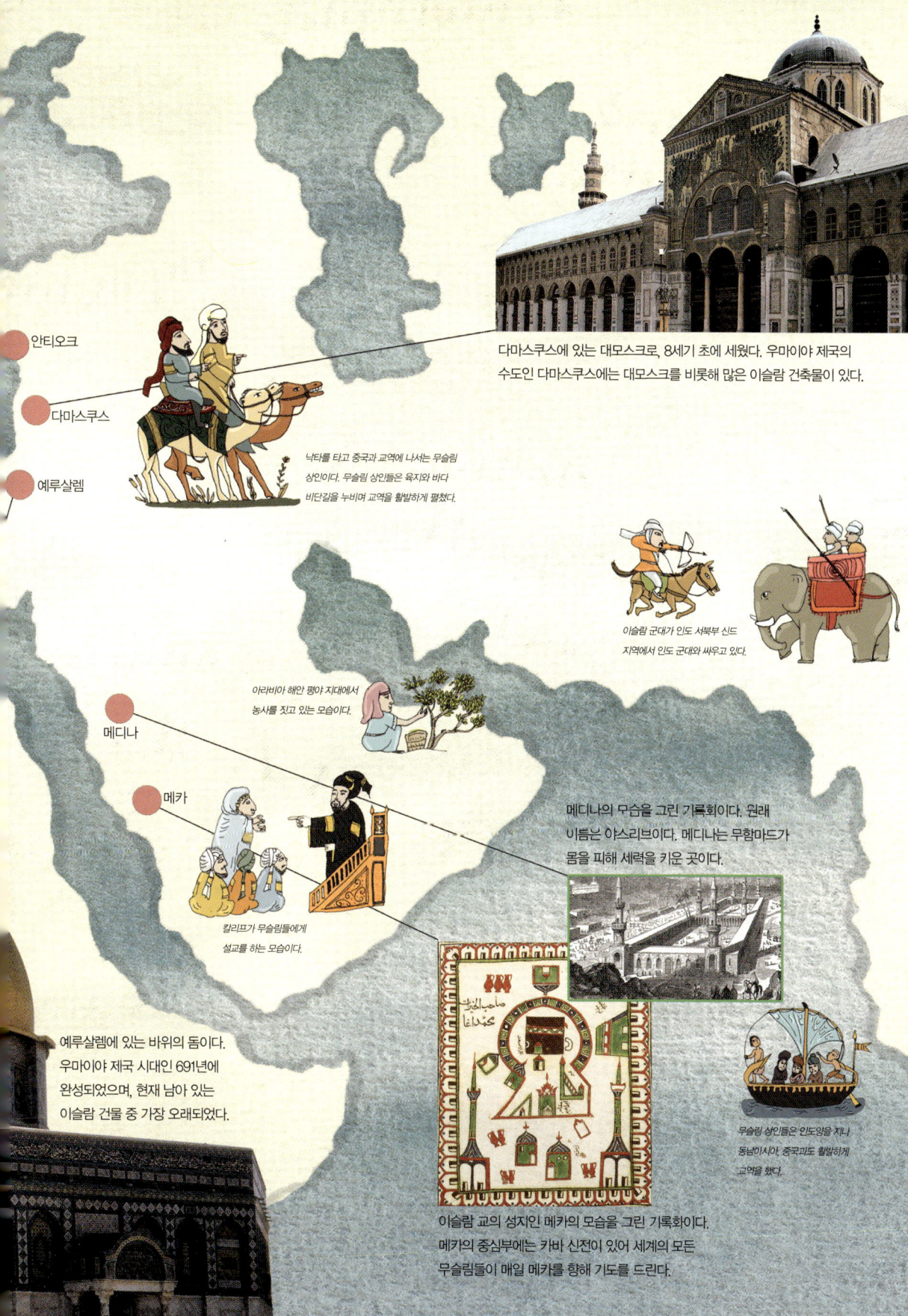

| 도시와 교역망이 발달하다 |

 앞에서 보았듯이 무함마드가 이슬람 교를 만든 지 100년도 채 되지 않아서 무슬림들은 거대한 제국을 건설했어. 그동안 이슬람 제국 안에서는 새로운 도시들이 계속해서 생겨났고, 도시의 규모도 커졌단다. 이 무렵 유럽의 크리스트 교 세계에서는 콘스탄티노플과 몇몇 도시를 빼고는 대개가 인구 1000~2000명 사이의 작은 도시들이었어. 그런데 이슬람 세계의 도시는 어땠는 줄 아니? 우마이야 제국의 수도인 다마스쿠스*의 인구가 100만 명을 넘어섰고, 그 외에도 10만 명이 넘는 도시만 해도 10여 개가 있었단다. 이처럼 이슬람 세계에서 도시가 발달했던 이유는 무엇일까? 바로 정복 활동과 함께 상업과 교역이 매우 활발하게 이루어졌기 때문이야.

 정복 활동과 도시 발달이 무슨 관계가 있느냐고? 정복에는 으레 파괴와 약탈이 뒤따르지만, 그게 전부는 아니야. 정복 활동으로 새로운 지역을 차지하면, 우선 그 지역을 다스리기 위해 군대를 두게 마련이야. 군사의 수는 곳에 따라 수천에서 수만 명에 이르기도 한단다. 그렇게 많은 군사가 지내려면 당연히 생필품과 식량도 많이 들여와야겠지? 그에 따라 군사들에게 물자를 대 주는 수공업자와 농민들도 모인단다. 그러는 가운데 그곳은 점차 소비와 상업의 중심지가 되어 도시로 성장하지.

 그런가 하면 아랍 사람들이 활발하게 상업과 교역 활동을 벌인 것도 도시의 발달을 부추겼어. 이슬람 교가 탄생한 아라비아 반도의 땅은 일부 해안 지역을 빼고는 대개 농사를 짓기 어려운

다마스쿠스*
기원전 2000년 무렵에 세워진 도시로, 손에 꼽힐 만큼 역사가 오래되었다. 사막 지대에 있으며, 우마이야 제국의 수도였다. 견직물, 금은 세공 따위의 전통적인 수공업이 발달했으며, 관개 농업이 발달했다. 지금은 시리아의 수도이다.

메카로 가는 순례자들의 무리를 그린 그림이다. 무슬림들은 평생 한 번 이상은 메카 순례를 해야 하는데,
순례자들의 여행길은 점차 교역로가 되었다.

사막이야. 그 지역 사람들은 사막에서 가축을 키우며 유목 생활을 했고, 부족한 생필품은 교역을 통해 얻었지. 이런 환경 때문에 이슬람 교에서는 유교나 크리스트 교와는 달리 상거래로 재산을 늘리는 것을 나쁘게 여기지 않아. 무함마드를 비롯해 이슬람 교의 지도자 가운데에도 상인이 많았단다.

　무슬림 상인들은 이슬람 세계뿐만 아니라 종교가 다른 서유럽이나 비잔티움 제국, 인도는 물론 멀리 중국까지 가서 교역을 했어. 생각해 보렴. 아라비아 반도에서 서유럽이나 중국까지 가려면 얼마나 많은 날들이 걸렸겠니. 게다가 도중에 상인들을 노리는 도적을 만날 위험도 높았지. 그래서 상인들은 교역을 위해 이동할 때 수십 명에서 많게는 수백 명까지 무리를 지어 다녔단다. 그러다 보니 상인들이 중간 중간에 쉬어 가는 곳에는 이들을 상대로 잠잘 곳과 음식을 제공하는 사람들이 모였고, 그 지역은 점차 도시로 발전했어. 도시의 발달은 교역과 상업 활동을 더욱 활발하게 만들었어. 도시와 도시를 잇는 교역망은 차츰차츰 이슬람 세계 구석구석까지 거미줄처럼 연결되었지.

그런데 교역을 활발하게 벌인 것은 인도나 중국도 마찬가지였잖아. 그런데 왜 이슬람 세계에서 교역망이 유달리 발달했을까? 여기에는 메카 순례가 큰 역할을 했어.

지금이야 여행이 생활의 일부분이 되었지만, 예전에는 대부분의 사람들이 자기 고향 안에서 평생을 살았어. 나라 밖을 떠나 다른 나라를 여행한다는 것은 상상하기도 힘들었지. 여행을 한다고 해도 교통수단이 발달하지 않아서 몇 개월, 몇 년씩 걸릴뿐더러 비용도 많이 들었어. 게다가 도중에 도적 떼를 만나 목숨을 잃는 일도 아주 흔했단다.

하지만 앞에서 이야기했듯, 무슬림들에게는 일생에 한 번 이상 이슬람의 성지인 메카에 가야 하는 의무가 있어. 북아프리카나 페르시아, 남유럽의 무슬림들이 메카에 가는 데에는 몇 개월씩 걸렸지. 순례자들은 상인들과 마찬가지로 수십 명, 수백 명씩 무리를 지어 메카로 향했어. 그리고 이들이 다니는 순례 길은 점차 교역망으로 발전했어.

이렇게 발달한 교역망을 통해 무슬림들은 이곳저곳을 다니며 곳곳의 문화를 고루 흡수했어. 그 덕분에 이슬람 문화는 더욱 풍부해지고, 빠르게 발전했단다. 그 결과 아바스 제국에 접어들면서 이슬람 문화는 활짝 꽃을 피웠지.

● 클릭! 역사 속으로
무함마드와 이슬람 교

"오, 카디자! 나는 예언자가 아니면 미치광이가 될 것 같아요!"
창백해진 얼굴로 무함마드가 아내인 카디자에게 말했어. 동굴에서
명상을 하던 무함마드가 갑자기 이처럼 엉뚱한 말을 하자 카디자는 깜짝 놀랐어.
"대체 무슨 일이 있었어요?"
"동굴에서 천사를 만났어요. 천사는 글을 읽을 줄 모르는 나에게 두루마리에 쓰인
글을 읽으라고 했지요. 그런데 어찌 된 일인지, 나도 모르게 그 글을 읽게 되었답니다."
무함마드는 동굴에서 겪은 신비스런 경험을 들려주었어. 그 뒤로도 무함마드는
때때로 동굴에서 천사를 만났어. 천사는 무함마드에게 알라의 뜻을 가르쳐 주며, 그것을
사람들에게 전하라고 했지.
"알라 앞에서 모든 사람은 평등합니다. 알라를 믿고 따르면 천국에 갑니다."
점점 무함마드의 가르침을 따르는 이들이 늘었어. 이렇게 해서 이슬람 교가
탄생했단다.
무함마드는 570년에 지금의 사우디아라비아에 있는 메카의 귀족 집안에서 태어났어.
무함마드는 상인으로 활동을 하다가 카디자를 만나 결혼을 했어. 그리고 611년에 천사
가브리엘의 소리를 들었던 거야.
그런데 메카에는 무함마드와 이슬람 교를 탐탁지 않게 여기는 사람들이
많았어. 그래서 무함마드는 메카를 떠나 메디나로 향했지. 그곳에서
이슬람을 믿는 사람이 점점 늘어나 무함마드는 힘을 키울 수 있었어.
마침내 630년, 무함마드는 자기를 따르는 무리들과 함께 무력으로
메카를 정복했단다. 메카를 중심으로 이슬람 세력을 더욱 확장해 간
끝에, 무함마드는 마침내 아라비아 반도 대부분을 통일할 수 있었어.
그 뒤로 거의 모든 아랍 사람들이 이슬람 교를 믿게 되었고, 이슬람
교는 차츰차츰 세계종교로 자라났단다.

중국을 다시 통일한 수와 당

6세기 말, 지중해와 서아시아 지역에서는 로마와 페르시아 제국이 다시 부활한 것처럼 보였어. 또 새롭게 등장한 이슬람 세력도 대제국을 만들었지. 그럼, 이때 동아시아에는 어떤 일이 일어났을까?

우연의 일치인지 모르겠지만, 중국에서도 다시 대제국이 나타났어. 바로 수와 당이란다. 그리고 비슷한 시기에 우리나라와 일본에도 통일 국가가 등장해서 세 나라 사이의 교류는 더욱 활발해졌고, 동아시아는 하나의 세계로 묶여 갔지.

| 수의 짧은 통일이 큰 발자취를 남기다 |

589년, 비잔티움 제국에서 유스티니아누스 황제가 로마 제국의 영광을 되찾으려 노력하고 있을 때, 수가 중국을 다시 통일했어. 한이 망한 뒤로 360여 년 만의 일이지. 그동안 한족과 유목민들은 나라를 세웠다, 무너뜨렸다를 거듭했어. 백성들은 잦은 전쟁과 계속된 정치 불안 때문에 모두 지쳐 있었지.

"하루빨리 나라가 안정을 찾아야 할 텐데……."

수를 세운 문제는 이러한 백성들의 바람을 잘 알고 있었단다. 문제는 백성들의 생활을 안정시키고, 백성들의 인심을 사려는 정책들을 새롭게 펼쳤어.

먼저 지방 행정 조직을 정리했단다. 복잡하게 나뉘어 있던 지방 행정 단위를 합쳐서 크게 만들고, 각 지방에는 황제가 직접 관리를 파견했지. 또 관리들이 세금을 중간에서 가로채지 못하게 엄격하게 감시했어. 그러자 나라 살림도 크게 나아졌고,

백성들도 세금 부담이 크게 줄어들어 살기가 편해졌단다.

이렇게 중앙 정부에서 직접 관리를 파견함에 따라 더 많은 관리가 필요해졌어. 그래서 문제는 과거 제도를 통해 나라에서 필요로 하는 관리를 뽑기로 했어. 과거 제도와 비슷하게 시험을 봐서 관리를 뽑는 제도가 예전에도 있기는 했지만, 그동안 제대로 뿌리내리지 못했어. 귀족들이 싫어했기 때문이야.

"시험을 쳐서 관리를 뽑는다고? 그럼 우리의 높은 지위를 다른 사람들에게 빼앗기겠군! 안 되지, 안 돼."

이와 같은 귀족의 강한 반대에 밀려 예전의 황제들은 뜻을 접어야 했지. 하지만 문제는 달랐어. 귀족들의 강한 반대를 물리치고, 원하는 사람은 누구나 과거에 응시할 수 있도록 했단다. 신분의 제한도 거의 두지 않았지.

문제가 실시한 과거 제도는 중국 사회를 크게 바꿔 놓았단다. 관리가 되려면 시험에 합격해야 했으니까, 공부하는 사람들이 늘어났겠지? 그리고 과거 시험을 거친 지식인들이 나라의 중요한 일들을 맡게 됨에 따라, 군인들이 설 자리가 좁아졌어. 또 가문보다는 실력을 중요하게 여기는 생각이 싹텄어.

문제의 뒤를 이은 양제 역시 야심

과거 시험 장면을 그린 그림이다. 수 문제는 과거 시험을 통해 관리를 뽑는 제도를 널리 실시해, 신분이 아니라 능력을 중시하는 분위기를 만들었다.

차게 나라를 다스리려 했어. 양제가 이룬 가장 큰 업적은 남중국과 북중국을 잇는 대운하*를 만든 거야.

대운하는 그 뒤로 1000년 가까이 중국 경제의 중심을 차지했단다. 대운하 덕분에 사람들이 쉽게 오갈 수 있었을 뿐 아니라, 상인들은 배에 물건을 가득 싣고 다니며 장사를 할 수 있었지. 예전보다 몇 배는 편하게 사람과 물건이 오갈 수 있었어.

하지만 대운하를 만드는 데에는 여러 해가 걸렸고, 엄청난 돈과 함께 사람들의 희생이 따랐지.

"대운하 때문에 10년 치 세금을 한꺼번에 내라니, 우린 어떻게 살란 말이냐!"

"이번에 대운하 공사에 불려 나가게 되었다네. 대운하 때문에 우리 농사는 짓지도 못하게 되었군."

백성들은 많은 세금을 내야 했고, 대운하 공사에도 불려 나갔어. 이때 공사에 참여한 사람이 100만 명이 넘었다는구나. 그랬으니 백성들의 불만이 높아졌지.

한편, 양제는 중국을 통일한 기세를 몰아, 주변 나라들까지 넘봤어.

"한이 무너진 것은 주변 민족들의 침략 때문이었다. 그렇게 당하지 않으려면 우리가 먼저 공격해야 한다."

하지만 중국이 여러 나라로 나뉘어 있던 동안, 주변 나라들은 착실하게 성장을 해 왔어. 그러니 수에 순순히 굴복하지 않았지. 그 가운데에서도 수가 가장 어려움을 겪은 상대가 고구려야. 중국이 분열되어 있는 동안, 고구려 광개토왕은 오늘날 만주 지역에 있던 여러 민족을 정복하고 대제국을 이루었어.

---

*대운하
중국 동부의 베이징과 항저우를 연결하는 물길이다. 길이는 1700킬로미터에 이르며, 세계에서 가장 긴 물길로 알려져 있다. 원래 수 양제 때 처음 건설된 뒤, 원 때 대대적으로 물길을 바꾸는 공사를 다시 해서 양쯔 강과 화이허 강에서 베이징에 이르는 현재의 물길이 완성되었다.

"고구려가 힘센 걸 믿고 우리에게 고분고분하지 않군."

고구려가 마음에 거슬렸던 양제는 세 차례나 고구려를 침략했단다. 하지만 성공을 거두지는 못했어. 도리어 대운하 공사와 전쟁 준비 때문에 지친 백성들이 여기저기에서 반란을 일으켜, 수는 위기에 빠졌지. 결국 수는 고구려 침략에 실패한 뒤 곧바로 망하고 말았단다.

당이 대제국으로 성장하다

수가 망한 뒤 중국은 다시 혼란에 빠졌단다. 곳곳에서 농민 반란이 일어나고, 지방에서 힘을 키운 장군들이 서로 황제가 되겠다고 싸웠기 때문이야. 그 가운데 이연이라는 사람이 당을 세운 뒤 중국을 다시 통일했단다. 이때 이연의 둘째 아들 이세민이 큰 공을 세웠는데, 그가 당의 두 번째 황제인 태종이야.

중국 역사에서 가장 화려한 시기가 언제였을까? 많은 사람들이 당을 꼽는단다. 하지만 태종이 당을 다스릴 무렵만 해도 굉장히 어려운 시기였어. 아직 반란을 완전히 잠재우지도 못했고, 홍수와 가뭄 등 자연재해도 끊이지 않았어. 그래서 태종은 "배고픈 사람은 먹여 주고, 목마른 사람은 마시게 하는" 것을 정치의 기본 틀로 삼았단다.

태종은 먼저 백성들에게 농사를 지을 수 있는 땅을 골고루 나누어 주었어. 농민들은 땅을 받은 대신 나라에 세금을 냈지. 세금은 세 가지가 있었어. 땅에서 난 곡식을 내는 것, 나라가 부를 때 나가서 거저 일을 해 주는 것, 비단 같은 천을 내는 것 등이었지. 이와 같은 세금 체계는 간단하고 가벼워서, 걷는 쪽이나 내는 쪽이나 반겼단다. 이 밖에도 농사를 짓지 않는 겨울에는 농민들에게 군사 훈련을 시켰다가, 전쟁이 일어나면 병사로 쓰는 징병제도 실시했어. 덕분에 백성들의 삶은 편안해졌고, 나라는 빨리 안정을 찾을 수 있었어.

한편, 태종은 수에서 시작했던 여러 가지 제도를 이어받아 나라를 정비했단다. 먼저 '율령격식'이라는 법률 체계를 만들었어. 율령이란, 형벌을 뜻하는 '율'과, 행정에 관한 법을 뜻하는 '령'이 합쳐진 말이야. 율령을 만든 뒤로는 황제나 관리라고 해도 무엇이든 마음대로 할 수 없게 되었어. 즉, 법률과 제도에 따라 다스리는 것을 원칙으로 삼은 거란다.

사실 이와 같은 제도들을 태종이 새로 만든 것은 아니야. 백성들에게 땅을 나누어 주고 세금을 간단하게 걷도록 한 것은 이미 북위에서 했던 거야. 또 지방 행정 제도의 정비나 과거제는 수가 세운 틀을 거의 따른 거야. 하지만 당 태종 시기에 와서야 이 제도들은 빛을 보았단다. 즉, 태종이 뛰어난 점은 제도를 만드는 데에 머무르지 않고 잘 관리했다는 점이지. 태종 때 만든 율령과 각종 제도는 여러 차례 변화를 겪었지만, 그 기본 뼈대는 오래도록 이어졌단다. 우리나라와 일본에도 전해져 국가 체제를 가다듬는 데 큰 영향을 주었지.

또 한 가지 태종이 다른 황제들과 달랐던 점은 신하들의 말에 귀를 기울였고, 자신의 잘잘못에 대한 이야기까지 받아들일 줄 알았다는 거야. 이처럼 황제와 신하가 서로 믿고 힘을 합해 나라를 잘 다스렸기 때문에 후세 역사가들은 태종을 높이 칭찬한단다. 유가의 가르침을 따라 바람직한 정치를 폈다고 평가하는 거야.

태종은 정복 전쟁과 영토 확장에서도 큰 업적을 남겼어. 태종은 유목 국가인 돌궐*과 설연타를 무릎 꿇게 만든 뒤, 관리를

돌궐*
6세기 중엽 알타이 산맥 부근에서 일어나 약 200년 동안 몽골 고원에서 중앙아시아에 걸친 지역을 지배한 유목민이다. 6세기 말에 중국 수, 당의 공격으로 동서로 갈라졌는데, 서돌궐은 7세기 중엽에 당에, 동돌궐은 8세기 중엽에 위구르에 정복되었다.

전쟁터에 나서는 당의 군대를 그린 벽화와 당 태종의 초상화(오른쪽)이다. 당 태종은 정복 전쟁을 통해 당의 영토를 크게 넓혔다. 그리고 중국과 유목 지역을 동시에 다스리는 황제천가한이 되었다.

보내 이들을 지배했단다. 또 중앙아시아로 이어지는 교역로를 차지해서, 사산조 페르시아와 비잔티움 제국과 교역을 시작했어. 이것은 당에 큰 부를 가져다주었지.

그 뒤 돌궐의 여러 부족 추장들이 태종에게 탱그리카간 이란 칭호를 바쳤는데, 태종은 이를 흔쾌히 받아들였지. '카간'은 유목민들의 임금을 뜻하는 말인데, 중국 말로는 '가한'이라고 했어. 그래서 태종은 중국의 임금인 '황제'와 유목 국가의 임금인 '가한'을 합쳐 스스로를 '황제천가한'이라 불렀단다. 즉, 정주 농경 지역인 중국과 유목 지역을 동시에 다스리는 임금이라고 선언한 거야.

당의 기틀을 세운 태종이 죽은 뒤, 그의 아들 고종이 황제가 되었어. 고종과 그의 아내 무측천 시대에 당은

8세기 무렵 당

당은 태종과 무측천 시대를 거치면서 중국과 중앙아시아, 동남아시아의 베트남 지역까지 다스리는 세계 제국으로 성장했다. 8세기 무렵 당은 전쟁이 사라지고 평화로운 시절이 이어졌다. 덕분에 백성들의 생활은 넉넉해지고 나라의 살림살이도 여유가 생겨 번영을 누렸다.

돌궐 병사와 싸우는 당 군대의 모습이다. 당은 돌궐을 무릎꿇리고 초원 지역까지 다스렸다.

둔황

당을 찾아오는 상인들의 모습이다. 당은 세계 제국으로 이름을 떨쳤고, 서아시아, 중앙아시아 여러 곳에서 많은 사람들이 당을 찾았다.

8세기 초 탈라스에서 이슬람 군대와 싸우는 당의 군대 모습이다.

토번(티베트)

포탈라 궁의 모습이다. 오늘날의 티베트 지역인 토번은 당과 세력을 다투던 강대국이었다.

무측천의 초상화이다. 무측천은 당이 번영할 수 있는 틀을 단단하게 세웠다.

뤄양 근처에 있는 룽먼의 불교 사원이다. 룽먼에는 북위 때부터 세워진 불교 사원이 많다. 그리고 당 시대에도 많은 불교 사원이 세워져 불교 문화를 꽃피웠다.

더욱 부강해졌고, 영토는 더욱 넓어졌단다. 무측천은 고종이 병들자 직접 나서서 나라를 다스렸어. 그러다가 고종이 죽자 황제인 아들을 내쫓은 뒤에 아예 나라의 이름을 주로 고치고, 스스로 황제 자리에 올랐지. 무측천은 중국 역사에서 유일한 여자 황제란다.

무측천은 대단한 황제였어. 과거 제도를 더욱 발달시켜서 많은 인재들을 관리로 뽑아 썼지. 또 백성들의 생활을 안정시키는 데에 많은 노력을 기울여서, 당시 사회는 어느 때보다도 안정되었단다. 어느 정도였냐 하면, 중국 역사에서 유일하게 세금이나 관리의 부패 문제 따위로 농민들이 들고일어나지 않은 시대였다는구나.

이 무렵 당의 특징 가운데 하나는 무측천 자신은 물론, 며느리 위황후, 딸 태평공주 등 여성들이 나랏일에 적극적으로 나섰다는 거야. 이는 여성들은 집안에서 살림만 돌보아야 한다는 중국의 전통적인 생각을 뒤집는 것이었어.

이처럼 당 시대에 여성들이 남자들에게 뒤지지 않는 활약을 펼칠 수 있었던 까닭은 무엇일까? 학자들은 당이 여성의 활동이 남자못지 않게 활발하고, 발언권이 강했던 유목민의 풍습을 이어받았기 때문이라고 이야기한단다.

그런데 훗날 중국의 많은 남자들은 무측천에게 온갖 비난을 퍼부었어. 무측천의 업적은 애써 무시하고, 여자가 정치를 좌우한 것이 재앙이었다고 주장한 거야. 지금으로는 상상하기 힘든 남존여비*의 시각이지 않니?

남존여비*
사회적 지위나 권리에 있어 남자를 여자보다 높이 두고, 여자를 업신여기는 것을 말한다. 그래서 여자들은 집안에서 남편이나 자식을 돌보고, 집 밖의 일은 간섭하지 않는 것이 옳다고 생각한다. 이런 생각은 유교의 영향이 큰 동아시아에서 뿌리가 깊다.

신라와 일본의 문화가 발달하다

당이 차근차근 대제국으로 커 가고 있을 무렵, 당 동쪽의 우리나라와 일본 열도에서는 무슨 일이 일어나고 있었을까?

우선 우리나라부터 살펴보자. 바야흐로 신라, 고구려, 백제가 다투던 삼국 시대가 저물고 있을 무렵이야. 신라는 당과 군사 동맹을 맺고 백제와 고구려를 차례로 무너뜨렸지. 그러고는 신라까지 넘보는 당과 싸워서 승리를 거두어 큰 위기를 넘겼단다. 신라는 대동강 남쪽의 땅을 차지한 뒤, 지방 제도를 정비해 통일 국가의 틀을 갖추었어.

신라는 불교를 국교로 삼고, 불교의 영향 아래 정치와 문화를 이끌어갔어. 불교 문화가 전성기에 달했던 것은 8세기 무렵으로, 이때 원효나 의상 같은 유명한 승려들이 활동했단다. 그리고 불국사와 석굴암 같은 불교 건축물도 많이 세웠어.

한편, 고구려가 망한 뒤에도 당 지역에 살던 옛 고구려 백성들은 줄기차게 당에 저항하며 고구려를 다시 세우려는 노력을 기울였어. 그러다가 고구려 장군 출신인 대조영이 옛 고구려 백성들을 이끌고 진을 세웠어. 그때가 무측천이 당을 다스리던 7세기 말이야. 훗날 진은 발해라는 이름으로 불리게 되지. 발해는 신라와 서로 견제히는 한편, 당과 일본과 교류를 하며 번영을 누렸어.

이번에는 일본으로 가 볼까? 6세기 무렵 일본 땅에는 처음으로 제법 규모가 큰 국가가 나타났어. 일본은 백제와 고구려를 통해 문화를 받아들이며 발전해 나갔단다. 그런데 신라가 삼국을 통일하자, 일본은 큰 위협을 느꼈지. 그래서 일본의 천황과 귀족들은 국방을 강화하는 동시에 나라 안을 개혁하는 데에도 힘을 쏟았어.

일본은 8세기에 나라를 수도로 삼았는데, 이때를 나라 시대라고 불러. 이 무렵 일본은 당의 제도를 받아들여 율령 국가를 완성했어. 율령 국가는 법률과 제도에 따라 다스리는 나라를 뜻한단다. 이렇게 제도가 갖추어지자, 중앙 정부의 힘이 세졌지. 그리고 일본 열도의 중심인 혼슈 섬의 동북쪽까지 영토가 넓어졌어.

일본의 힘이 강해질수록 일본 사람들은 자신감을 얻었단다. 임금의 호칭을 '대왕'에서 '천황'으로 높여 부르고, 나라 이름을 '대화'에서 '일본'으로 바꾼 것도 이 시기였지. 일본은 '해가 뜨는 곳'이라는 뜻이야.

7세기 무렵에 만든 일본의 탈이다.

나라 시대에 일본에는 불교가 널리 퍼졌어. 커다란 절들을 짓고, 불상과 벽화도 많이 만드는 가운데 불교 미술이 발전했어. 나라 시대의 불상과 조각에서는 인도의 굽타 양식과 당 전성기의 미술 양식을 발견할 수 있단다. 이 무렵 일본은 외국과 더욱 활발하게 교류하면서 외국 문화를 많이 받아들였어. 궁중과 귀족 문화도 외국의 영향을 많이 받았는데, 특히 궁정 행사에 사용되던 음악은 당과 고구려, 백제, 신라, 중앙아시아, 인도의 영향을 두루 받았단다. 또 당시 일본 천황과 귀족들이 사용하던 생활용품 가운데에는 당과 우리나라는 물론 중앙아시아, 아랍, 인도, 그리스, 로마에서 온 것들도 많았어. 이렇게 일본은 외국의 앞선 문물을 받아들이면서 발전을 꾀했던 거야.

일본 나라 시대에 세운 호류지의 모습이다. 일본은 불교를 받아들인 뒤 문화를 빠르게 발전시켰다.

● 클릭! 역사 속으로

중국에서 하나뿐인 여황제, 무측천

"이제부터 내가 황제다. 나라의 이름은 주로 고치겠노라!"

무측천의 말에 모두들 고개를 조아렸어. 당 고종의 황후였던 무측천이 중국 역사상 처음이자 마지막인 여황제가 되는 순간이었어. 그때가 690년, 무측천의 나이 65세 때였지.

무측천이 황제가 되기까지는 우여곡절이 많았어. 그녀가 처음 궁궐에 발을 들인 것은 열네 살 때였어. 당 태종의 후궁으로 뽑혔던 거야. 그런데 태종의 뒤를 이은 고종은 예전부터 무측천을 마음에 두고 있었어. 그래서 무측천은 고종의 후궁으로 다시 궁궐에 들어갔어. 이때부터 무측천의 세상이 시작된 거야.

무측천은 곧 황후를 몰아내고 그 자리를 차지했어. 그뿐 아니라 몸이 약한 고종을 대신해 나랏일을 돌보기 시작했어. 그런데 나랏일을 돌보는 재능이 보통이 아니었단다. 무측천은 과거 제도를 가다듬어서 좀 더 쓸모 있게 만들었어. 그러고는 출신에 상관없이 재능 있는 인재들을 관리로 뽑아 썼지. 그 결과 귀족 중심이었던 당의 지배층이 점차 과거를 거친 인재들 중심으로 바뀌어 갔어. 무측천은 신하들의 말을 귀 기울여 듣고, 옳은 이야기라면 곧바로 태도를 바꿀 만큼 마음이 넓었어. 이렇게 나랏일을 잘 돌보다 보니 나라는 부유해졌고, 땅은 넓어졌어. 240명에 이르는 중국 황제 가운데 누구에게도 뒤지지 않을 만큼 나라를 잘 다스렸단다.

하지만 한편으로는 권력을 잡으려고 많은 사람들을 죽이기도 했어. 그리고 말년에는 즐거움에만 빠져 사리 분별을 제대로 못 하기도 했지. 그런데 훗날 사람들은 무측천의 안 좋은 면만 거듭 이야기했어. 그러는 바람에 뛰어난 지도력과 통치 능력은 많이 가려져 있었단다. 아무래도 여자이기 때문에 이런 평가를 받아 온 듯하구나.

중앙아시아의 유목 제국들

유목민이라고 하면 어떤 모습이 떠오르니? 가축을 키우고, 날쌘 말을 타고 다니며 전쟁과 약탈을 일삼는 모습이 떠오른다고? 틀린 것은 아니지만, 유목민들에게는 그것 말고 다른 모습도 많이 있단다.

유목민은 교역에 아주 관심이 많았어. 농산물은 물론, 옷감, 그릇 등 필요하지만 스스로 생산할 수 없는 것이 많았으니까 말이야. 중국의 한과 싸우던 흉노 제국은 사막의 비단길을 지배하며 필요한 물품을 얻고, 세금을 걷어서 풍족해졌지. 우리가 지금부터 살펴볼 돌궐 제국과 위구르 제국도 마찬가지였어.

돌궐 제국이 비단길을 장악하다

흉노 제국이 사라진 뒤에 한동안 초원 지역에는 강력한 힘을 가진 나라가 등장하지 않았어. 그러다가 6세기 초에 알타이 산맥 언저리에서 철을 캐며 살던 유목민이 세력을 키워 초원의 새로운 지배자로 떠올랐어. 이들을 돌궐 혹은 투르크라고 부른다. 돌궐은 중국 사람들이 부른 이름이야. 오늘날의 터키는 바로 이 투르크에서 비롯한 말이야.

이 무렵 돌궐의 지도자는 부민이었는데, 그는 북아시아의 초원과 중앙아시아를 다시 통일하고 제국을 세웠어. 그리고 스스로를 '일릭 카간'이

낙타를 탄 소그드 상인의 모습을 빚은 도자기이다.

라고 불렀는데, 이것은 '나라를 세운 초원의 군주'라는 뜻이란다. 돌궐 제국이 초원에서 세력을 키워 가는 동안, 중국은 남북조 시대를 맞아 여러 나라로 갈라져 있었어. 그러니 북방에 새로 들어선 돌궐 제국과는 싸울 엄두도 내지 못했지.

부민이 죽은 뒤, 돌궐 제국은 둘로 나뉘었어. 유목민들에게는 누가 죽으면 그 재산을 자식과 형제들이 나눠 갖는 것이 전통이었지. 그래서 제국의 수도가 있는 동쪽 지역은 부민의 아들이 갖고, 서쪽 지역은 부민의 동생이 차지했어. 그렇지만 두 사람은 힘을 합쳐 중국과 서아시아로 계속 영토를 넓혔고, 돌궐 제국은 동쪽으로는 만주까지, 서쪽으로는 사산조 페르시아의 국경 지역까지 지배하는 거대한 나라가 되었어. 당시에 돌궐 제국과 어깨를 견줄 만한 나라가 없을 정도였지.

이렇게 중앙아시아의 초원 지역을 손에 넣은 돌궐 제국은 비단길 교역을 하는 상인들을 보호하고, 중국의 비단을 사산조 페르시아나 비잔티움 제국에 팔아 큰 번영을 누렸어. 그뿐만 아니라 강한 군사력으로 중국 북조의 여러 나라들을 위협해 많은 공물을 거둬들이기도 했지.

그렇지만 카간 자리를 두고 다툼이 일어나 돌궐 제국은 불과 30여 년 만에 두 나라로 완전히 갈라져 서로 다투었고, 그러면서 힘이 약해졌단다. 그 뒤 동돌궐은 수의 뒤를 이어 중국을 통일한 당에 무너졌어.

사막에 있는 오아시스 도시의 모습이다. 돌궐 제국은 중앙아시아의 여러 오아시스 도시를 지배하며 교역을 통해 번영을 누렸다.

비단*

명주실로 짠 광택이 나는 천을 통틀어 이르는 말이다. 중국과 우리나라는 일찍부터 비단을 짜서 옷감으로 사용했고, 값이 비싸 화폐 대신으로 쓰기도 했다. 많은 비단이 외국으로 팔려 나가 동서 교역로에 비단길이란 이름이 붙여졌다. 로마가 비단을 많이 사서 망했다고 할 정도로 세계 경제에서 중요한 역할을 했다.

그리고 얼마 뒤에는 서돌궐마저 당에 굴복했단다. 앞에서 당의 태종이 돌궐의 부족들로부터 탱그리카간이라는 칭호를 받았다고 했지? 그게 바로 이 무렵이었어. 그 뒤 돌궐 병사들은 당의 용병으로 전쟁에 참여하는 신세가 되어 버렸지. 그렇지만 돌궐 사람들은 힘을 키워, 50여 년 뒤에 당의 지배에서 벗어나 다시 제국을 세웠단다.

이 무렵 돌궐의 카간들은 당과 맞서는 한편, 당시 동아시아에서 새롭게 일어선 발해와 만주 지역을 두고 다투기도 했어. 그러면서 유목민 전통의 하늘 숭배 신앙을 강조하고, 유목민으로서는 처음으로 고유의 문자를 만들어 자신들의 역사를 비문에 적어 곳곳에 세우기도 했어. 돌궐 문자는 나중에 중앙아시아로 퍼져 나가, 다른 유목민들에게 많은 영향을 끼친단다.

그러나 8세기에 접어들어 다시 카간 자리를 둘러싸고 다툼이 일어나 돌궐 제국은 혼란에 휩싸였어. 그리고 자신들이 지배하던 위구르에 도리어 멸망당하고 말았단다.

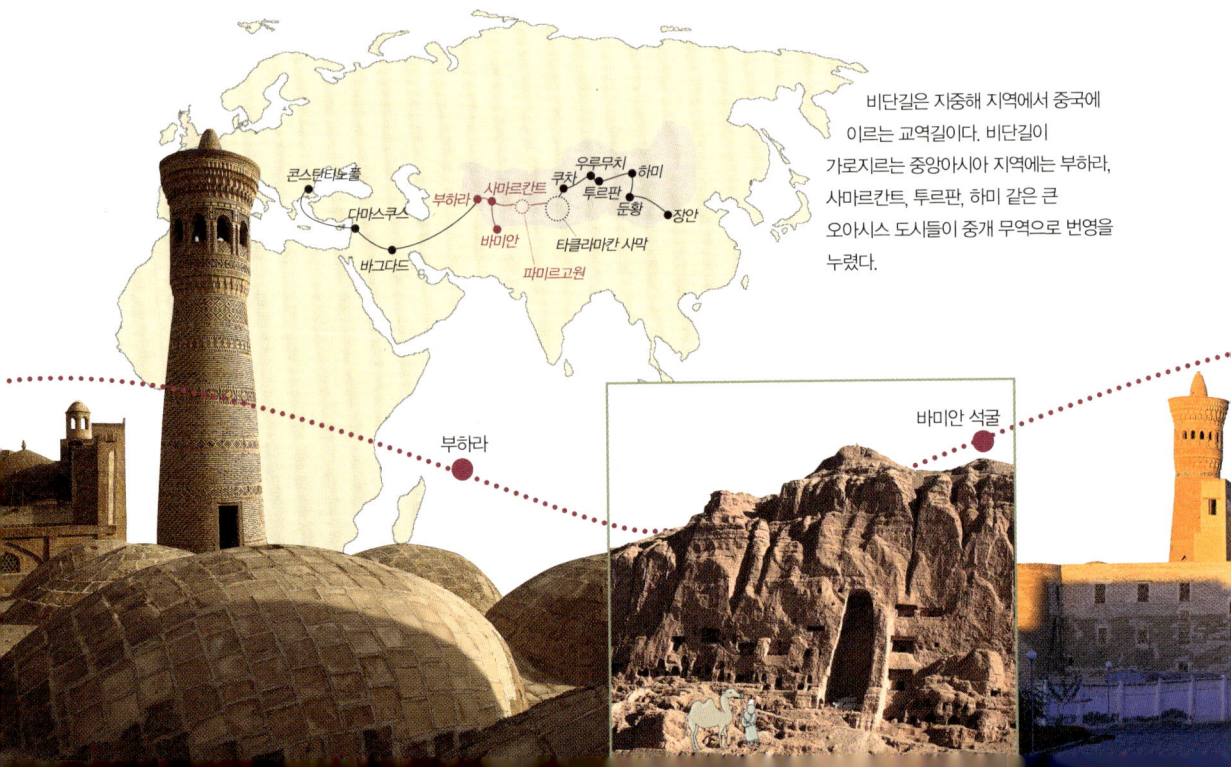

비단길은 지중해 지역에서 중국에 이르는 교역길이다. 비단길이 가로지르는 중앙아시아 지역에는 부하라, 사마르칸트, 투르판, 하미 같은 큰 오아시스 도시들이 중개 무역으로 번영을 누렸다.

| 오아시스 도시들이 번영을 누리다 |

흉노와 돌궐 사람들이 사막과 초원의 비단 길을 지배했다고 했지? 그런데 비단길의 진짜 주인공은 그들보다는 비단길을 오가거나, 오아시스에 터전을 두고 장사를 했던 상인들이었어. 오아시스라고 하면 어떤 모습이 떠오르니? 끝없이 펼쳐진 모래 들판, 운 좋게 만나는 야자나무와 우물이라고? 사실 오아시스는 그렇게 싱겁게 생긴 곳이 아니야. 사람들이 많이 살았던 아주 큰 도시 또는 국가란다. 오아시스 도시의 인구는 많으면 10만 명, 적으면 수천 명에 이를 정도였어.

오아시스 도시 사람들은 아주 부유해서 외적이 쳐들어올 까봐 늘 걱정이었어. 그래서 주변에는 높은 성곽을 쌓아서 방어를 했단다. 오아시스 도시는 부유한 만큼 문화도 화려했어. 곳곳에 석굴 사원을 많이 지었고, 벽화, 조각 등 아름다운 불교 문화를 꽃피웠단다. 또 이슬람 교가 전해진 7세기 이후에는 이슬람 사원도 많이 세웠어. 학문도 발달해서, 오아시스 도시인 부하라에서는 이븐 시나 같은 위대한 학자가 나오기도 했어. 이븐 시나는 의학, 철학, 과학 등 많은 분야에서 큰 업적을 남겼는데, 그의 책은 이슬람 세계와 유럽의 학문 발전에 큰 영향을 끼치기도 했어.

그리고 오아시스 도시에는 동서 무역을 중개하는 사람들이 모여들었어. 상인들이 머무는 숙소와 물건을 사고파는 시장이 늘어서서 도시는 늘 시끌벅적했지. 또 상인들이 안전하게 오가고, 장사에 성공하기를 비는 각종 사원들도 즐비했어. 그뿐만 아니라 오아시스 도시는 정보와 문화도 함께 모이는 교차로였단다.

사마르칸트

파미르 고원

그런데 이 많은 사람들 가운데 누가 가장 눈에 띄는 활약을 했는지 아니? 초원의 비단길이 끝나고 페르시아와 만나는 곳인 소그디아나 지방의 상인들이었어. 이들을 소그드 상인이라고 불러. 이들은 소그디아나뿐만 아니라 비단길 위에 있는 오아시스 도시 곳곳에 자리를 잡고 활약했어.

소그드 상인들은 장사나 통역, 물건을 만드는 재주가 뛰어나서 특히 당에서 큰 환영을 받았어. 당의 수도 장안에는 소그드 상인을 위한 마을이 따로 있을 정도였어. 그 영향으로 당에서는 소그드 사람의 풍속인 '호풍'이 크게 유행하기도 했어.

당의 속담에 "소그드 인은 아이가 태어나면 입에는 꿀을 바르고, 손에는 아교를 바른다."는 말이 있어. 입에 꿀을 바른다는 것은 듣기 좋은 말로 사람들을 꾀어 물건을 판다는 뜻이고, 손에 아교를 바른다는 것은 한번 손에 쥔 돈은 절대로 놓지 않는다는 뜻이야. 중국 사람들 눈에는 소그드 상인들의 상술이 그만큼 대단해 보였던 모양이야.

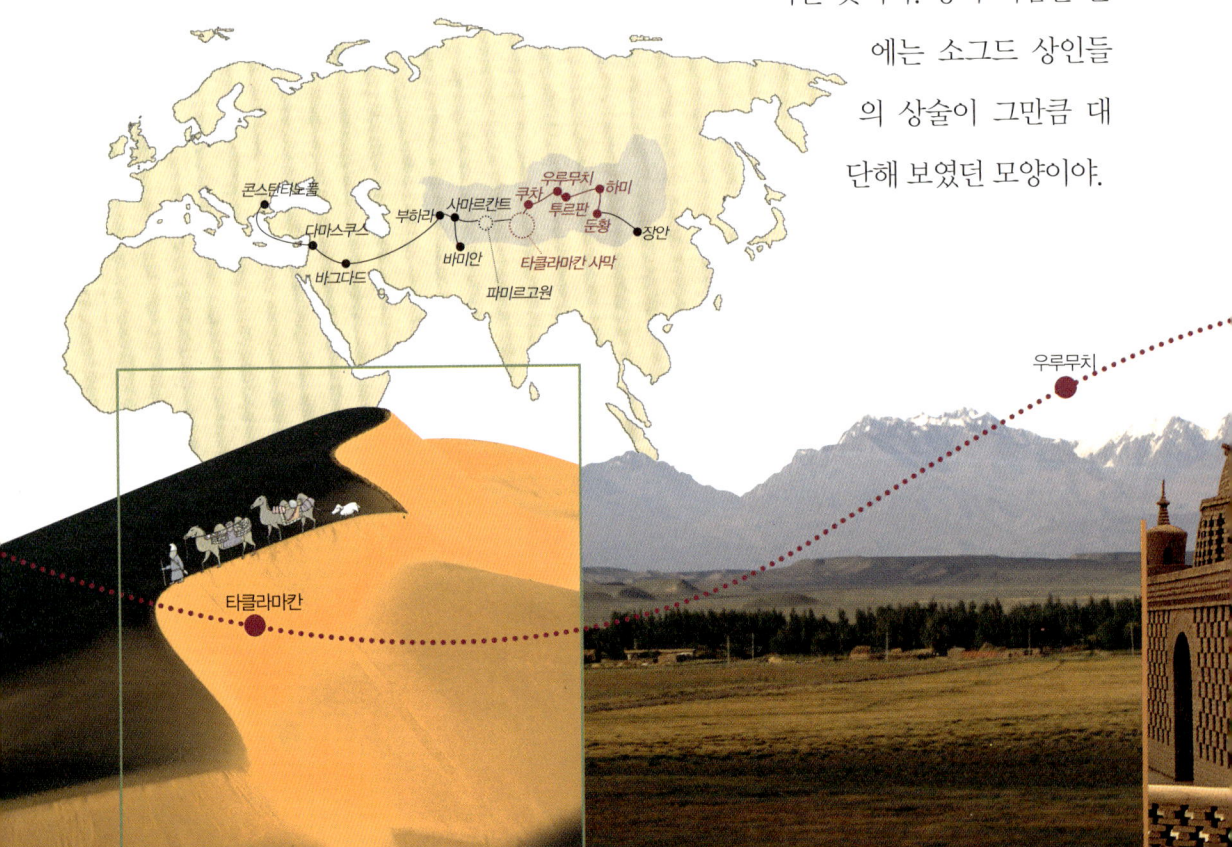

하지만 소그드 상인들이 진짜 큰 활약을 했던 곳은 당이 아니라 돌궐 제국이었어. 소그드 상인들은 물건을 사고파는 데 서투른 돌궐 사람들을 대신해서 무역을 하고, 돌궐 제국은 소그드 상인들로부터 세금을 받았어. 돌궐 제국은 소그드 상인들이 먼 장삿길에 나서면 그들을 보호해 주었지. 소그드 상인들은 비단길이 통하는 세계 곳곳을 다니며 장사를 하느라 여러 나라의 말을 익혔는데, 그것으로 돌궐 제국의 외교에도 큰 역할을 했어. 어때, 비단길을 주도했던 진짜 주인공이 누구인지 알겠니? 그리고 이제는 오아시스라는 말에서 활기찬 도시의 모습을 떠올릴 수 있겠지?

| 위구르 제국이 초원에 도시를 만들다 |

앞에서 돌궐 제국이 초원길을 개척했다고 했지? 그런데 시간이 흘러 새로운 제국이 등장해 초원길을 장악한단다. 바로 위구르 제국이야. 위구르 사람들은 한때 돌궐 제국의 지배를 받았어. 그러다가 돌궐 제국이 동서로 나뉘어 싸우느라 힘이 약해지자, 드디어 독립해서 제국을 세웠단다. 위구르 제국은 돌궐 제국보다는 작았지만, 100년 가까운 세월 동안 초원에서 위세를 떨쳤지. 게다가 위구르 제국에

도자기를 마차에 실어나르는 중앙아시아 상인들의 모습을 그린 기록화이다. 도자기는 비단과 함께 동서 교역에서 매우 중요한 교역품 가운데 하나였다.

는 다른 유목 국가에는 없는 특징들이 있었어.

먼저 위구르 제국은 다른 유목 국가들과는 달리 중국과 사이좋게 지냈어. 안녹산이 난을 일으켜 당의 황제가 위기에 빠졌을 때, 위구르 제국은 군대를 보내 당의 황제를 도와주었단다. 그 뒤로도 위구르 제국은 당을 여러 차례 도왔어. 크고 작은 반란이 일어났을 때나, 당이 지금의 티베트 고원에 있던 토번과 싸울 때에도 말이야. 하지만 거저 도운 것은 아니었어. 위구르 제국은 도와준 대가로 해마다 엄청난 양의 비단을 당으로부터 받았어. 또 반란군이나 적군을 몰아낸 뒤에는 그 도시를 점령한 정복자로서 상당한 재물을 챙겼지.

이뿐이 아니야. 위구르 제국은 당과 무역을 벌여서 많은 이익을 얻었어. 주요 교역품은 위구르의 말과, 당의 비단이나 은이었어. 그런데 위구르 제국은 여러 차례 당을 위기에서 구해 준 뒤로, 작고 병든 말을 보내는 일이 잦아졌어. 하지만 중국에서 가져오는 비단은 여전히 최고급품이었지. 당이 왜 손해 보는 장사를 했냐고? 그건 위구르 군대의 힘을 무시할 수 없었기 때문이야. 이처럼 중국과 유목 제국이 서로 싸우는 대신 필요한 것을 주고받게 된 것은 이전보다 관계가 발전한 것이라고 할 수 있단다.

위구르의 또 다른 특징은 도시를 만들었다는 점이야. 본래 유목민들은 한곳에 머물러 살지 않기 때문에 도시를 만들지 않아. 카간들도 계절마다 옮겨 다니며 살았지. 그럼, 위구르 사람들은 왜 도시를 만들었을까? 그것은 동서 무역을 통해 모은 재물을 보관할 창고가 필요했고, 자신들을 위해 일하는 정주민들이 늘어나면서 그들이 살 곳이 필요해졌기 때문이란다.

이렇게 도시가 생겨나자 자연스럽게 다른 변화들도 나타났어. 우선 소그드 상인들이 도시에 터를 잡고 살면서 무역을 했단다. 소그드 상인들은 마니 교를 위구르 제국에 널리 퍼뜨렸어. 한편 위구르 사람들은 소그드 문자를 본떠 고유의 문자를 만들었단다. 또 당에서 들여온 비단과 여러 가지 물품을 사고팔기 위해 여러 곳

위구르 제국은 다른 유목민들과 달리 도시를 만들었고, 점차 유목 생활보다 정착 생활을 하는 사람이 늘어났다.

에서 상인들이 몰려들었어. 인구가 늘자 생필품을 만드는 수공업자들도 모여들었지. 어느새 위구르 제국의 도시는 상업의 중심지가 되었단다.

도시는 위구르 제국을 유지하는 데에도 중요한 역할을 했어. 도시에 사는 사람들이 늘어나자 농사와 건축이 발달했어. 위구르 제국에서 발달한 농업 기술과 물 대는 방식, 벽돌을 이용한 건축 기술 등은 이전의 유목 제국에서는 볼 수 없던 것이지. 한편 위구르 제국은 식량이나 무기는 물론, 나라 살림에 필요한 물건들을 도시에 저장했어. 위험이 닥쳤을 때를 대비한 거였어.

이처럼 독특한 유목 제국을 일구어 가던 위구르 제국은, 북쪽에서 내려온 또 다른 유목민인 키르키즈 사람들의 공격을 받아 무너지고 말았어. 그 뒤로 위구르 사람들은 여러 갈래로 흩어졌어. 중국이나 만주로 가기도 하고, 오아시스 도시 국가들이 있는 곳으로 가서 그곳을 지배하기도 했어. 오아시스의 여러 도시를 지배하면서 어느새 위구르 사람들이 비단길의 새로운 주역이 된 거야. 그런데 도시에 머물며 살아가는 사이에 위구르 사람들은 많이 바뀌었단다. 제국이 무너진 뒤에도 유목 생활로 돌아가지 않고, 농부나 상인이 되어 정주 생활을 계속한 이들이 많았어.

위구르 사람들은 동서 중개 무역을 벌이며 오아시스 도시에 문화적으로 많은 영향을 끼쳤어. 또 위구르와 다른 투르크 사람들이 사방으로 퍼지면서 중앙아시아는 투르크의 영향을 많이 받았단다. 그리고 그들은 다음 시기에 이슬람 세계를 지배하면서 다시 세계를 뒤흔드는 주역으로 떠오르지.

● 클릭! 역사 속으로
늑대의 후예들, 돌궐

"모두 죽였으니 이제 돌아가자!"

아사나 부족에 쳐들어온 침략자들은 마을을 태우고 사람들을 모두 죽인 뒤 약탈을 끝냈어. 그러고는 이제 돌아갈 참이었지. 그때, 한 남자의 눈에 소년 하나가 보였어.

'아직 어리니까 목숨은 살려 주어야겠다.'

그 남자는 소년이 불쌍해 차마 죽이지는 못했어. 대신 발을 잘라 풀밭에 버렸어.

침략자들이 모두 떠난 뒤, 암늑대 한 마리가 나타났어. 암늑대는 홀로 남은 소년에게 먹이를 물어다 주었고, 둘은 함께 자랐단다. 시간이 흘러 암늑대는 소년의 아이를 임신했어.

그러던 어느 날, 예전에 왔던 침략자들이 다시 나타났어. 그들은 이번에는 소년을 봐주지 않았단다. 소년이 죽임을 당하자, 암늑대는 얼른 도망쳐 동굴로 들어갔어. 그러고는 그곳에서 아들 열 명을 낳았어. 이 아이들이 자라 돌궐 사람들의 조상이 되었지. 이들은 각기 다른 열 개의 성을 이름에 지어 붙였어. 그리고 늘어난 자손들은 알타이 산맥 주변에 자리를 잡고 철공으로 일했다는구나.

위의 이야기는 중국 사람들이 돌궐에 대해 기록한 내용이야. 자손들이 철공으로 일했다는 데에서 짐작할 수 있듯이, 돌궐은 철을 다루는 기술이 뛰어난 작은 부족이었대. 그러다가 6세기 중반 부민이라는 뛰어난 지도자가 나타나 나라를 세웠지.

그 뒤로 나라는 점점 커져 아시아 초원에 큰 제국을 세울 수 있었어. 돌궐 제국은 거의 모든 투르크 종족을 아울러 제국 아래 두었어. 돌궐 제국이 사라진 뒤 투르크 종족들은 터키를 비롯해 사방으로 흩어졌어. 그러면서 돌궐의 문화와 정치 제도를 퍼뜨렸단다.

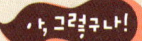

자꾸 자꾸 생겨나는 도시

6세기 이후로 아시아와 유럽, 아프리카에는 새로운 나라들이 들어서고, 인구가 늘고, 교역이 활발해졌어. 그에 따라 도시가 점점 많이 생겼단다. 도시는 특징에 따라 몇 가지로 나누어 볼 수 있어. 수도가 되면서 발달한 도시를 비롯해 학교가 세워지면서 만들어진 도시, 시장이 커지면서 생긴 도시 등등이 있지. 이 무렵 정치, 경제, 문화가 가장 발달한 아시아에는 유럽이나 아프리카보다 큰 규모의 도시가 많았단다.

여러 역할을 하는 복합 도시
정치, 경제, 사회, 문화의 중심지 역할을 하는 도시를 복합 도시라고 부른다. 한 나라의 수도는 대개 복합 도시이다. 당의 장안을 비롯해 비잔티움 제국의 콘스탄티노플, 아바스 제국의 바그다드, 우마이야 제국의 다마스쿠스 등이 복합 도시다.

상인들이 중심이 된 상업 도시
상인들이 많이 드나드는 항구나 오아시스에는 상인들을 위한 숙소, 음식점 따위가 들어섰다. 점점 더 많은 사람들이 모여들어서 그곳은 상업 도시로 성장했다. 이탈리아의 베네치아, 중앙아시아의 사마르칸트와 부하라, 당의 광저우 등이 대표적인 상업 도시였다.

군인들이 머물러 생긴 군사 도시
아시아와 유럽, 아프리카의 각 나라들은 영토를 넓히려고 전쟁을 많이 벌였다. 새로 정복한 땅을 지키려고 중요한 요새에는 군사를 머물게 했다. 그러자 상인들이 찾아와 군사들에게 필요한 식량과 생필품 등을 팔았다. 그들이 아예 눌러 살면서 그곳은 도시로 발달했다.

학교, 사원이 중심이 된 도시
이 시기 불교, 힌두 교, 크리스트 교 같은 여러 종교가 아시아와 유럽, 아프리카로 퍼졌다. 종교의 중심지에는 사원과 학교가 들어서고, 수도승들이 찾아와 공부를 했다. 유대 교와 크리스트 교, 이슬람 교의 성지인 예루살렘, 불교의 중심지 날란다 등이 대표적인 도시다.

● 10만 ~ 50만 명
■ 50만 ~ 100만 명

700년–1000년

3 아프로유라시아의 교류와 발전

8세기 무렵, 아시아와 유럽은 활기를 되찾았단다. 나라마다 인구가 늘고 농업이 발달했으며, 기술의 발전 속도도 나날이 빨라졌지. 특히 나라와 나라를 잇는 교역망이 발달하면서 많은 사람들이 멀리까지 오가는 일이 훨씬 쉬워졌어.

　교역망을 따라 도자기, 비단, 유리, 면직, 향신료 같은 물건들이 오갔어. 그뿐만 아니라, 새로운 생각이나 기술도 곳곳으로 퍼져 나갔단다. 그러면서 여기저기에서 새로운 문화가 매우 다양한 모습으로 나타났지. 덕분에 사람들의 생각과 생활도 많이 바뀌었어.

　그런데 이때의 변화에는 예전과 다른 특징이 있었단다. 각각의 지역에서 일어나는 변화가 서로 비슷비슷한 모습을 띠었다는 거야. 이것은 무엇을 뜻하는 걸까? 이는 곧 세계가 점차 하나로 연결되기 시작했다는 증거란다. 그럼, 활기가 넘치는 8세기 무렵의 세계를 함께 살펴보자꾸나!

세계와 어우러진 동아시아

"달아, 달아, 밝은 달아, 이태백이 놀던 달아!"

우리의 흥겨운 민요인 '달 타령'이야. 그런데 민요에 나오는 이태백이 누구인지 아니? 바로 당의 유명한 시인인 이백이야. 이백이 살았던 시절에 당은 전성기를 맞아서 세계 제국으로서 이름을 떨치고 있었어. 세계 곳곳에서 상인, 유학생들이 당의 수도인 장안으로 몰려들었어. 이 가운데에는 신라와 일본에서 온 이들도 많았단다. 그럼, 8세기로 거슬러 가서 당, 신라, 일본을 살펴보자꾸나.

당이 세계 제국으로 이름을 떨치다

당이 세워지고 나서 약 100년에 걸쳐, 당의 황제들은 영토를 넓히고 백성들의 생활을 안정시키는 데에 많은 힘을 기울였어.

당은 먼저 중앙아시아의 돌궐을 정복하고 비단길을 손에 넣었어. 그리고 동쪽으로는 고구려를 무너뜨리고, 남쪽으로는 오늘날의 베트남 지역까지 지배했지. 당은 이제 아시아의 동쪽 끝에서 중앙아시아까지 아우르는 대제국이 되었단다. 황제들은 나라 안의 기틀을 닦으려는 노력도 했어. 우선 과거 제도를 실시해서 능력 있는 인재를 뽑아 썼어. 이와 함께 율령 제도와 여러 개혁 정책들이 뿌리내리게 만들어서 나라는 안정을 찾아 갔단다.

나라와 백성들의 살림살이 역시 많이 풍요로워졌어. 그 중심에는 강남 지역이 있었어. 당 시대에 강남은 평야 지대가 넓고, 땅이 기름져 물자가 풍부했어. 강남에서 난 농산물과 수공업 제품들은 대운하를 따라 곳곳으로 팔려 나갔고, 덕분에 강남 지역은 나날이 발전했지. 그뿐 아니라 농사지을 땅이 크게 늘고, 농사 기술이 발달해 쌀, 사탕수수, 바나나 등도 많이 거둘 수 있었어. 시인 두보는 이 무렵을 "작은 마을도 온갖 보물을 감춘 듯하고, 정부나 개인의 창고가 모두 가득 찬" 시기였다고 표현했지.

그리고 당시에는 지중해 지역에서 장안까지 이어지는 비단길을 따라 오아시스 도시들이 줄지어 있었단다. 당의 번영은 곧 오아시스 도시의 번영으로도 이어졌어. 이 도시들이 얼마나 화려했는가 하면, "찬란한 진주 허리띠처럼 늘어서 있다."는 말이 나올 정도였어. 또 세계 곳곳에서 무슬림 상인, 불교 승려, 크리스트교 선교사, 유학생, 외교 사절 등이 당으로 몰려들었어. 덕분에 당으로 향하는

서역 상인의 모습을 빚은 당의 당삼채 도자기이다. 당 시대에 서역 상인은 비단길을 오가며 매우 활발하게 교역 활동을 벌였다.

당의 군대는 교역로를 보호해 상인들이 안심하고 교역로를 오갈 수 있도록 했다.

길은 꼬리에 꼬리를 물고 이어지는 사람들의 발길로 북적댔어. 그러면서 당에 머물러 사는 외국인들도 점점 늘어났단다. 광저우에는 20만 명이 넘는 외국인들이 모여 살았어. 신라 사람들도 당의 여러 도시에 신라방이라는 자치 구역을 이루어 살았지.

한편, 당의 문화와 예술도 크게 발달했어. 5호 16국 시대부터 강남에서 발달했던 귀족 문화의 영향으로 당 시대에는 더욱 화려하고 세련된 그림과 음악이 유행했어. 또 곳곳에 수많은 불교 사원과 도교 사원이 세워지는 등 당의 문화는 그야말로 활짝 꽃피었지.

이 시기 당의 문화를 대표하는 것으로 당삼채라는 도기가 있어. 녹색, 황색, 백색의 세 가지 색깔을 써서 만들었다고 해서 '삼채'라는 이름이 붙었어. 당삼채는 중국 전통의 도자기 기술에 서역의 무늬와 색칠 방법이 보태져서 탄생한 거란다. 당의 장인들은 당삼채 인형이나 장식용품을 많이 만들었는데, 그 중에는 서역 사람들의 얼굴과 생활 모습을 표현한 것이 많아.

당삼채와 함께 당의 문화를 대표하는 것은 시야. 과거 시험에서 시 짓는 과목이 생기면서 시를 공부하는 사람이 늘었고, 그러다 보니 시가 크게 발전했지. 그리고 유명한 시인

장안으로 향해 가고 있는 불교 승려들의 모습이다. 당 시대에 장안은 국제 도시로 성장했다. 그리고 불교 승려를 포함해 상인, 유학생 등 세계 곳곳에서 온 사람들로 늘 붐볐다.

들이 아주 많았는데, 중국의 위대한 시인 가운데 절반이 당의 시인이라는 말이 있을 정도지. 그 중에서도 대표할 만한 이를 꼽으라면 단연 이백과 두보란다. 이백은 시선, 즉 시의 신선이요, 두보는 시성, 즉 시의 성인이라고 불려. 이백은 자연과 인간의 마음을 읊은 시를 많이 지었어. 한편, 두보는 나라를 걱정하고, 가난한 백성들을 안타깝게 생각하는 마음을 시로 표현했지.

이처럼 당은 경제적으로나 문화적으로나 한껏 전성기를 누렸어. 하지만 달이 차면 기울듯이, 한쪽에서는 그늘이 드리워지고 있었단다. 귀족들이 돈과 권력을 손에 쥐고 사치를 즐기는 동안 백성들의 살림살이는 점점 어려워졌던 거야. 한때 당의 번영을 노래했던 두보는 이제 이런 한탄을 했어.

"높은 관리의 집에는 술과 고기가 썩는 냄새가 가득 찼고, 길가에는 얼어 죽은 사람들의 뼈가 뒹군다."

결국 당은 9세기 중반 여기저기에서 일어난 반란에 시달리다 서서히 무너졌어.

국제 도시 장안에 봄이 찾아오다

장안의 2월, 향기 섞인 먼지 자욱하고
번화한 거리에는 마차 소리 요란하네.
집집마다 누각 위엔 꽃 같은 여인들

천만 가지 붉은 꽃처럼 어여쁜 모습 싱그럽네.
구슬로 만든 발 사이로 웃고 떠들며 서로들 물으니
장안의 봄은 누가 차지할까?

윗글은 당의 한 시인이 장안의 봄날을 읊은 시의 일부야. 분주하고 활기찬 장안의 모습이 떠오르니? 이 무렵 장안은 콘스탄티노플, 바그다드 등과 함께 풍요롭고 번영한 도시로서 세계에 이름을 떨쳤단다. 그럼, 이 무렵 장안으로 한번 가 볼까?

장안은 동서로 9.5킬로미터, 남북으로 8.4킬로미터에 이르는 거대한 도시였어. 축구장이 무려 1만 개나 들어갈 수 있을 정도의 넓이지. 도시 둘레에는 5미터가 넘는 성벽이 빙 둘러싸고 있었어. 그리고 동쪽, 서쪽, 남쪽 성벽에는 도시에 출입할 수 있는 성문이 세 개씩 있었단다. 그럼, 웅장한 성문을 지나 성안으로 들어가 보자.

　성안의 북쪽 맨 끝에는 황제와 그 가족들이 사는 궁성이 있었어. 그 아래쪽에는 황성이 있는데, 관리들이 일하는 여러 관청들이 모여 있는 곳이지. 그리고 성안은 100개가 넘는 구역으로 나뉘어 있었어. 구역과 구역은 벽으로 구분

장안의 모습과, 당 시대에 만든 인물 모양의 당삼채 도자기이다. 당의 수도 장안 거리에는 크고 화려한 건물들이 가득했다. 그리고 전성기 때 100만 명 이상의 사람이 살았고, 세계 여러 곳에서 온 사람들로 붐볐다. 특히 소그드 상인들은 서역에서 갖가지 진귀한 물건을 가져와 장안에 있는 서시에서 팔았다. 소그드 상인들을 통해 서역풍의 문화가 널리 유행했다.

되는데, 구역마다 수십 채의 집이 있었지.

귀족이나 부유한 상인 들은 아주 사치스럽게 집을 꾸미고 살았어. 어떤 집에는 천장에서 물이 흘러내려 열을 식혀 주는 분수도 갖춰져 있었어. 더운 여름에도 걱정이 없었겠지? 귀족의 집에는 때때로 서역에서 온 악단이 와서 공연을 펼쳤단다.

물론 모든 사람들이 이렇게 잘살았던 것은 아니야. 대개의 주민들은 방이 한두 개 있는 집에서 가족들과 함께 살았어. 식사는 하루에 두 끼 먹었는데, 밀과 기장으로 만든 죽과 채소가 대부분이었지. 가끔은 고기 요리도 해 먹었단다. 그들은 낮에는 가게나 거리에서 물건을 팔고, 거리를 청소하는 일 등을 하며 하루 벌이를 했어. 그러다가 저녁에 북소리가 울리면 하던 일을 정리하고 집으로 돌아왔지. 밤에는 말 탄 병사들이 순찰을 돌며 수상한 사람은 잡아 가두어서, 함부로 돌아다니지 않았어.

한편, 성의 한가운데에는 폭이 155미터나 되는 아주 큰 길이 뻗어 있었어. 그리고 가로세로로 곧게 뻗은 길들이 장안을 바둑판 모양으로 깔끔하게 나누고 있지. 운하는 장안 성안을 비스듬히 가로지르며 길들과 교차했단다. 운하는 쌀이나 신선한 채소, 재물을 가득 싣고 지방 곳곳에서 온 배들로 붐볐어.

거리도 사람들로 가득했어. 짐꾼들은 긴 막대 양쪽에 바구니나 항아리를 달고 물건을 옮겼고, 인력거꾼은 가마로 사람들을

실어 날랐어. 마차를 타고 다니는 이들은 주로 귀족이나 관리들이었단다. 가끔씩 서역 모자를 쓰고 말을 타고 돌아다니는 여자들의 모습도 볼 수 있었어. 본래 말을 타는 것은 유목민의 특징이고, 중국 사람들은 말 타기에 익숙지 않았단다. 게다가 지위가 높은 여자라면 길거리에서 함부로 얼굴을 드러내지 않는 것이 중국의 예의였어. 그래서 정부가 나서서 여자들이 서역 모자를 쓰고 말 타는 것을 막았지만, 아무 소용이 없었다는구나.

꽃 문양을 새긴 당삼채 도자기이다. 화려하고 세련된 당의 문화를 엿볼 수 있다.

짐을 가득 실은 낙타와 말을 이끌고 가는 상인들의 행렬도 심심치 않게 볼 수 있었어. 인도나 페르시아로 물건을 팔러 가는 당의 상인이거나, 인도나 페르시아에서 진귀한 물건을 싣고 온 소그드 상인, 무슬림 상인들이었지. 외국에서 온 상인들은 싣고 온 물건을 황성 남쪽에 있는 시장에서 팔았어. 돌아갈 때는 비단이나 도자기 등 당의 값진 물건을 가득 싣고 갔단다.

시장은 농시와 서시 두 개로 나뉘었어. 시장의 크기는 가로세로 1킬로미터가 넘었지. 시장에는 쌀, 비단, 기름, 악기, 금은 장신구 등을 파는 온갖 상점에다가 술집, 찻집, 음식점 등이 즐비했어. 특히 서시에서는 중앙아시아와 페르시아에서 온 물건들이 많았어. 이 물건들은 장안 사람들에게 인기가 아주 높았지. 시장은 늘 물건을 사고파는 사람들로 붐볐어. 인구가 100만 명이나 되었으니, 얼마나 떠들썩했을지 짐작할 수 있겠지? 정부의 관리들은 시장에서 속임수를 쓰거나 부정한 물건을 다루지 못하도록 엄격하게 관리했단다.

장보고＊
9세기 무렵에 활동한 신라의 장군이다. 본명은 궁복 혹은 궁파이다. 어릴 때 중국 당으로 건너가 당 군대의 장군이 되어 활약했다. 그러다가 신라로 돌아와 동아시아 국제 무역을 주도했다.

장안을 둘러보니 어떤 생각이 드니? 지금의 대도시들과 비교해도 뒤지지 않을 만큼 발달했던 것 같지 않니?

| 신라와 일본이 해상 활동을 하다 |

당이 번영을 누리던 8세기 무렵, 동아시아의 우리나라와 일본은 어떤 모습이었을까? 이 무렵 우리나라 남쪽에는 당과 손을 잡고 백제와 고구려를 무너뜨린 신라가 있었고, 북쪽에는 발해가 옛 고구려 땅을 차지하고 있었어. 이 시기를 남북국 시대라고 불러. 신라와 발해는 사이가 좋을 때도 있었고 나쁠 때도 있었지. 이 시대 자료가 부족해서 이 무렵의 상황을 자세히 알 수는 없단다. 그런데 발해와 신라 사이에 39개의 역이 있었다는 기록이 있어. 역은 본래 말을 갈아타거나 쉬어 가는 장소이므로, 발해와 신라의 교류가 활발했음을 짐작할 수 있지. 또 발해에서 신라로 가는 길을 발해 사람들은 '신라도'라고 불렀단다. 이 또한 발해와 신라의 교통로가 발전했음을 보여 주는 증거야. 그리고 발해는 신라뿐만 아니라 중앙아시아와도 교류했다고 하는구나. 최근 들어 발해 사람들이 중앙아시아와 활발

배 위에서 지나가는 배를 바라보는 장보고이다. 장보고는 동아시아의 바닷길을 장악하고 활발하게 교역 활동을 펼쳤다.

히 교류했으며, 이때 모피가 주요 교역품이었다고 주장하는 학자들이 있어. 그들은 이 교통로를 '모피의 길'이라고 불러야 한다고 말하지.

신라는 당, 일본, 이슬람 세계와도 교류했단다. 신라는 당에 자주 사신을 보내 당의 선진 문물을 받아들이려고 했지. 또 많은 신라 사람들이 불교와 유학을 배우려고 당으로 건너갔단다. 인도를 다녀와 『왕오천축국전』을 쓴 혜초 스님과, 당의 과거 시험인 빈공과에 합격한 최치원이 대표적인 인물이지.

그리고 이 시기 신라 상인들은 중국과 일본을 오가며 해상 무역을 했단다. 이때 신라 상인들의 해상 무역을 도와주며 동아시아 해상 교통과 무역을 장악한 사람이 있었어. 누구인지 궁금하지? 바로 해상왕 장보고야.

장보고는 오늘날의 완도에 청해진을 설치하고, 중국과 신라, 일본을 잇는 바다 교역로를 지배했단다. 이 바닷길에서 신라의 상인들은 당뿐만 아니라 아랍 상인들과도 활발하게 거래했어. 당을 오가는 일본의 사절이나 상인들도 장보고의 보호 아래 신라의 배를 타고 다니기도 했단다. 그때까지 일본의 배 만드는 기술이나 항해술이 신라에 비해 많이 뒤떨어져 있었거든. 이 무렵 신라의 배는 약 250톤의 짐을 실을 수 있었는데, 이것은 600년 뒤 콜럼버스가 대서양을 건널 때 타고 간 배와 비슷한 크기란다.

또 9세기 중엽의 아랍 기록을 보면, 신라 상인들과 아랍 상인들이 바다를 통해 오가며 물건을 사고팔았음을 알 수 있어. 이때 신라 상인은 아랍 상인에게 비단, 검, 사향,

8세기 무렵 당을 드나들던 일본 배이다. 일본은 당과 교류하면서 발달한 문물을 받아들였다.

말안장, 검은담비 가죽, 오지그릇, 계피 등을 팔았다고 하는구나. 또 아랍 상인들은 한결같이 신라가 살기 좋은 이상향이라고 기록했지.

신라 사람들이 활발하게 해상 활동을 하고 있었을 때 일본은 무얼 하고 있었을까? 일본은 794년 수도를 나라에서 오늘날의 교토인 헤이안으로 옮겼는데, 이 무렵을 헤이안 시대라고 부르지. 일본 역시 신라나 발해처럼 당과 활발하게 교류를 하며 선진 문화를 받아들여 화려한 귀족 문화를 꽃피웠어.

그러나 10세기 초에 당이 망한 뒤에는 당의 문화를 바탕으로 일본 고유의 전통 문화를 발전시켰지. 이를 '국풍 문화'라고 부른단다. 이 무렵 일본 사람들은 일본의 문자인 가나를 사용하기 시작했어. 그 뒤로 일본 사람들은 가나로 자신의 감정과 삶을 다룬 글들을 쓸 수 있게 되었지. 그러면서 다양한 종류의 문학이 발전하였단다. 불교 역시 일본의 고유 종교인 신도와 섞여서 일본식 불교로 변해 갔단다. 그 결과 일본만의 독특한 문화가 만들어졌어.

클릭! 역사 속으로
달을 사랑한 천재 시인, 이백

"이백이 그렇게 시를 잘 쓴다며? 내가 아끼는
양귀비를 위해 시 한 수 지으라고 해야겠군."

당 현종은 신하들에게 이백을 찾아오라 시켰어.
신하들이 데리러 갔더니, 이날도 이백은 술에 취해 곯아떨어져 있었지.
신하들은 술이 덜 깬 이백을 번쩍 들어 가마에 싣고 데려갔어.

황제의 명에 따라 시를 쓰려던 이백은 문득 가죽신이 몹시 불편하게 느껴졌어.

"이 신발 좀 벗겨 주시오."

이백은 옆에 있던 환관에게 말했지. 환관은 벼슬이 이백보다 높았지만, 시를
기다리고 있는 황제를 생각해 꾹 참고 신발을 벗겨 주었어. 이백은 단숨에 시를
써 내려갔어. 이를 받아 본 현종의 얼굴엔 미소가 떠올랐어.

중국 최고의 시인으로 꼽히는 이백은 701년쯤 상인의 아들로 태어났어.
그 무렵 당은 번영을 누리고 있었어. 특히 수도인 장안은 페르시아와 아랍
상인들이 드나드는 활기찬 곳이었지. 이런 분위기 속에서 활동한 이백의
시는 자유롭고 아름다우며, 생생해. 당에는 이백뿐만 아니라 뛰어난
시인들이 참 많았어. 이 무렵 시가 발달한 것은 사회가 번영을 누린
탓도 있고, 과거 시험에 시가 포함되었던 탓도 있어.

이백은 어디에 매여 있는 것을 싫어했어. 현종의 부름에 따라
벼슬도 얻었지만, 오래 가지는 못했지. 궁궐에 온 지 겨우 3년 만에
다시 떠돌이 생활을 시작했어. 특히 44세 때 시작한 유랑은
10년이나 이어졌는데, 이때 두보와 사귀기도 했어. 두보는
이백과 함께 중국 최고의 시인으로 꼽히는 이야.

이백의 최후에 대해서는 이런 이야기가 전해져 와. 술에 취해
물에 비친 달을 잡으려다가 연못에 빠져 죽었다는 거야. 사실이든,
만든 이야기이든 간에, 거침없이 살았던 이백다운 최후 같구나.

이슬람 세계의 번영

『아라비안나이트』를 읽어 본 적 있니? 여기에는 아름다운 세헤라자드가 이슬람 칼리프에게 1001일 동안 들려준 신기하고 재미난 이야기들이 담겨 있단다. 그런데 이 이야기들 가운데 가장 많이 등장하는 인물이 바로 아바스 제국의 칼리프, 하룬 알 라시드야. 하룬 알 라시드가 칼리프로 있을 무렵에 아바스 제국은 가장 화려하고 풍족한 전성기를 누렸어. 그 시절로 함께 가 보자꾸나.

| 아바스 제국이 여러 민족을 아우르다 |

이슬람 최초의 제국이었던 우마이야를 기억하니? 그런데 우마이야 제국은 100년이 채 못 되어서, 750년 무렵 아바스 가문에 의해 무너진단다. 아바스 제국의 시대가 열린 거야.

이슬람 세계의 여행자들 모습을 그린 기록화이다. 무슬림들은 교역이나 성지 순례 등으로 다른 지역을 여행하는 일이 많았다.

아바스 제국의 칼리프들은 무엇보다 알라 앞에서 모든 무슬림은 평등하다는 이슬람 교의 정신에 충실하려고 노력했어. 또 이슬람 세계에 사는 여러 민족을 아울러 하나로 뭉치게 하는 데에도 큰 힘을 기울였지. 그래서 아바스 제국에서는 아랍 사람이든 아니든, 모든 무슬림은 정치적으로 똑같은 권리를 누렸어. 아랍 사람이 아니더라도 정부의 높은 관리가 될 수 있었지. 심지어 능력이 있으면 크리스트 교도나 유대 교도처럼 종교가 다른 사람도 재상이 될 수 있었어. 이런 정책 때문에 아바스 제국은 무슬림이면 누구나 차별없이 한데 어우러지는 진정한 이슬람 제국이 되었단다.

아바스 제국이 가장 번영을 누린 시기는 5대 칼리프인 하룬 알 라시드 때야. 그는 여러 차례 비잔티움 제국을 공격해서 승리를 거두었어. 그러고는 비잔티움 황제로부터 해마다 많은 물자를 받았단다. 그런가 하면 비잔티움 제국과 이베리아 반도에 세워진 후기 우마이야 제국을 견제하려고 프랑크 왕국과 외교를 맺기도 했어. 하룬 알 라시드는 프랑크 왕국의 카롤루스 황제에게 코끼리와 물시계 등을 선물로 보냈단다. 프랑크 왕국 사람들은 물시계를 보고는 "마술의 시계"라며 감탄했다는구나. 그때까지 프랑크 왕국은 이슬람 제국에 비해서 과학과 문화가 한참 뒤떨어져 있었거든. 프랑크 왕국은 아바스 제국에 사절단을 보내 이슬람의 뛰어난 과학 기술을 배워 갔어.

하룬 알 라시드 때 세운 이슬람 제국의 성벽이다.

아랍의 동전이다. 아랍 상인들은 많은 동전을 만들어 교역에 사용했다.

하룬 알 라시드는 성품이 너그러웠으며, 가난한 사람들의 부탁을 거절한 적이 없었대. 그리고 시를 사랑하고 문학을 아꼈다는구나. 그는 학자와 문인들을 후원하는 데에도 아낌이 없었어. 칼리프의 후원 덕분에 이슬람 문화는 더욱 발전했어.

아바스의 칼리프들은 상업의 발전도 이끌었어. 그들은 티그리스 강과 유프라테스 강을 잇는 운하를 만들었고, 길도 정비했어. 잘 닦인 길을 따라 아바스의 수도인 바그다드에는 갖가지 물건과 문화가 쏟아져 들어왔지. 바그다드는 교역과 문화의 중심지이자, 번영한 도시로서 세계에 이름을 떨쳤어. 한창때 바그다드의 인구는 150만 명에 이르렀단다. 당시 바그다드와 어깨를 겨룰 수 있는 도시는 당의 장안, 비잔티움의 콘스탄티노플 정도뿐이었지.

나팔을 불며 행진하는 무슬림 군대의 모습을 그린 기록화이다.

바그다드 상인들은 비잔티움 제국과 서유럽의 여러 나라들, 아프리카, 중국은 물론 우리나라까지 누비고 다녔어. 그들은 배를 타거나, 수십에서 수백 명씩 무리를 지어 낙타나 말을 타고 다녔지. 바그다드 상인들이 판 것은 곡물, 종이, 옷감, 금속 수공품 따위였고, 사 온 것은 후추 등의 향신료, 목재, 가죽, 상아, 인도산 보석, 비단, 중국 도자기 따위였단다. 또 베네치아 같은 곳에서는 유럽과 아프리카 노예들을 사기도 했어.

무역의 규모는 날이 갈수록 커졌어. 보석이나 향신료처럼 작지만 값이 비싼 것부터 목재나 곡물처럼 크고 무거운 것까지, 다루는 교역품의 종류는 수백 가지에 이를 만큼 다양해졌지. 이에 따라 거래를 좀 더 손쉽게 하기 위해 장부 적는 법이 발달했고, 수표와 신용장 같은 새로운 거래 수단도 등장했어.

하지만 이처럼 번영하던 아바스 제국도 하룬 알 라시드가 죽은 지 50여 년이 흐른 뒤로는 점차 기울어 갔어. 그 이유 가운데 하나는 용병대장들이 정치에 간섭하면서 정치가 어지러워졌기 때문이야. 또 궁정에서 사치와 낭비를 일삼는 바람에 나라의 경제가 휘청거렸단다. 그 틈을 타서 각 지방에 파견된 장군들은 지방의 행

아바스 제국의 수도인 바그다드이다. 바그다드는 아바스 제국의 수도로 이슬람 세계의 정치, 경제, 문화의 중심지였다. 8세기 무렵, 콘스탄티노플, 장안과 더불어 번영을 누린 대표적인 도시로 꼽힌다.

이슬람 양식의 도안을 새긴 것이다. 이슬람 교에서는 우상숭배를 금지했기 때문에 기하학적인 아라베스크 양식의 도안이 발달했다.

정과 세금 징수 권한을 손에 쥐고 독립을 했어. 그렇게 해서 아바스 제국은 8세기 후반부터 10세기 전반에 걸쳐 모로코와 튀니지, 이집트, 바그다드 동쪽 지역을 모두 잃었단다. 이로써 아바스 제국의 칼리프는 이름만 남은 허수아비 같은 존재가 되고 말았어.

| 이슬람 문화가 크게 발전하다 |

아바스 제국 시대에는 아랍 사람들뿐만 아니라 여러 민족들이 알라의 이름 아래 어우러져 살았어. 다양한 민족들은 이전까지 건조하고 단조롭던 이슬람 문화에 새로운 바람을 불어넣었단다. 그러면서 이슬람 문화는 더욱 활기를 띠었고, 학문이나 예술은 더욱 풍부하게 발전했어.

먼저 문학의 변화를 살펴볼까? 이전까지만 하더라도 무슬림들은 『쿠란』의 내용을 외우는 데에만 열중했단다. 그런데 점차 실용적인 지식과 흥미로운 이야기들이 잘 어우러진 옛이야기나 우화가 등장해 인기를 끌었어. 그러자 이런 이야기들을 짓는 사

죽 늘어서 있는 모스크의 모습이다. 이슬람 사원인 모스크는 무슬림들에게 생활의 중심지였다. 모스크는 페르시아와 비잔티움 건축 양식의 영향을 많이 받았다.

람도 따로 생겼지. 잘 알려진 「신드바드의 모험」이나 「알리바바와 40명의 도둑」 같은 이야기도 이렇게 해서 탄생한 거란다. 이 이야기들을 엮은 것이 『아라비안나이트』야. 이 책은 아라비아와 주변 나라에서 오랫동안 떠돌던 이야기들을 모은 거야.

또 사람들이 책을 접할 수 있는 기회가 점점 늘어났어. 주요 도시마다 도서관과 대학이 들어섰을 뿐만 아니라, 종이가 널리 퍼졌기 때문이지. 특히 7대 칼리프인 알 마문은 바그다드에 '지혜의 집'이라는 학교를 세웠어. 알 마문은 인도, 그리스, 페르시아 등지의 학자들을 불러서 인도, 그리스, 페르시아의 철학, 의학, 기하학, 천문학 등 각종 책을 아랍 어로 옮기게 했어. 그 덕분에 이슬람 학자들은 의학, 천문학, 화학, 수학, 연금술 등을 당시 세계 최고 수준으로 발전시킬 수 있었지.

아바스 제국 시대에는 고대 메소포타미아와 페르시아, 그리스의 헬레니즘 문화가 어우러져서 다채로운 이슬람 문화가 꽃피었어. 그 가운데 대표적인 것이 아라베스크 양식이야. 아라베스크란 '아라비아풍'이란 뜻으로, 문자나 식물, 기하학적인 무늬를 섞은 형태가 특징이야. 왜 이런 무늬가 발달했던 걸까? 이슬람 교에서는 우상숭배를 금지한단다. 즉, 알라 이외의 사람이나 물건 따위를 받드는 일을 금지하는 거야. 따라서 사람과 동물을 본뜬 그림, 조각, 무늬 따위는 만들 수 없었지. 그래서 그 대신 기하학적인 무늬가 발달한 거야. 아라베스크 양식은 이슬람 사원인 모스크의 벽면 장식뿐만 아니라 카펫, 비단, 책 장식에도 쓰였어.

무슬림 상인들이 낙타를 타고 무리를 이루어 교역을 떠나는 모습을 그린 기록화이다.

염소를 그린 접시이다. 아바스 제국 때 만들었다.

이처럼 아바스 제국의 학문과 문화는 당시 최고 수준을 자랑했고, 유럽과 인도뿐만 아니라 주변 여러 나라에 큰 자극을 주었단다. 그런데 불과 200년 전에 나타난 이슬람 문화가 어떻게 이토록 짧은 시간에 눈부시게 발전할 수 있었을까? 역사와 전통이 훨씬 오래된 중국, 인도, 그리스와 로마 문화에 못지않을 정도로 말이야.

한 가지 이유는 그들이 교육에 굉장히 열심이었다는 데에 있어. 『쿠란』은 지식의 탐구가 신앙 다음으로 중요하다고 강조한단다. 가령, 무함마드는 전쟁 포로가 무슬림 어린이 10명에게 읽고 쓰기를 가르치면, 그를 풀어 주기까지 했어.

또 다른 이유는 무슬림들의 실용적인 태도에서 찾을 수 있어. 이슬람의 학문과 과학은 대체로 일상생활과 관련된 것들이야. 무슬림들 가운데에는 상인들이 많았어. 장사를 하려면 우선 계산을 잘해야 하는데, 이것은 수학의 발전을 낳았어. 또 무슬림 상인들은 배를 타고 바다 건너까지 가서 장사를 했어. 나침반이 발명되기 전에

이슬람 세계에서 만든 아스트롤라베는 유럽에 전해져 훗날 유럽 사람들이 항해하는 데에 큰 도움을 주었다.

토론을 하는 이슬람 학자이다. 이슬람 세계에서는 학문을 중요하게 생각해 수학, 기하학, 천문학 등 여러 학문이 발달했다.

는 바다에서 길을 잃지 않으려면 별을 보고 방향과 날씨를 가늠했고, 이것은 천문학의 발전을 불렀어. 그런가 하면 지리학도 먼 나라와 교역하는 무슬림들에게 매우 필요한 학문이자, 지식이었단다. 어떤 지역에서 어떤 물건이 나며, 얼마에 팔리는지를 알고 있으면 교역에 큰 도움이 되니까 말이야. 한편, 잦은 전쟁으로 다치는 사람이 많이 생겼던 일은 의학의 발전을 불러왔어.

또 무슬림 학자들은 열성적이고 열려 있는 태도로 지식을 수집했어. 이것은 다른 문화에 열려 있는 이슬람 교의 특징과도 닮아 있지. 무슬림 학자들은 필요하다 싶은 것은 주저하지 않고 받아들였단다. 이슬람 제국이 정복한 여러 지역에서 로마와 그리스, 페르시아 문화까지 모두 흡수했단다. 또 교역을 하면서 인도와 중국의 문화도 들여왔지. 덕분에 무슬림 학자들은 어느 지역 학자들보다 앞선 지식과 폭넓은 시각을 갖게 되었지.

11세기 무렵 이슬람 세계에서 만든 세계 지도이다. 무슬림 학자들은 앞선 지도 제작 기술을 자랑했다.

| 이베리아 반도에서 이슬람 문화가 꽃피다 |

　아바스 제국이 번영을 누릴 때, 이에 못지않게 이슬람 문화가 꽃핀 곳이 있어. 오늘날 에스파냐가 있는 이베리아 반도란다. 어떻게 해서 이슬람 문화가 이베리아 반도에서 꽃피게 되었는지 이야기해 줄게.
　앞에서 아바스 가문이 우마이야 제국을 무너뜨리고 아바스 제국을 세웠다고 했지? 이때 아바스 가문 사람들은 우마이야 가문의 남자들을 닥치는 대로 죽였단다. 우마이야 가문 사람들이 언제 다시 들고일어나 자신들에게 칼을 겨눌지 몰라 불안했기 때문이지. 그런데 이때 우마이야 가문의 어린 왕자 하나가 가까스로 살아남아 이베리아 반도로 도망쳤어. 그는 그곳에서 우마

이야 제국을 지지하는 사람들을 모아 다시 제국을 세웠단다. 이를 후기 우마이야 제국이라고 불러. 그 뒤 이슬람 세계는 서쪽의 후기 우마이야 제국과, 동쪽의 아바스 제국으로 나뉘었지.

후기 우마이야 제국은 아바스 제국처럼 넓은 영토를 지배하지는 않았지만, 문화만큼은 뒤지지 않을 정도로 높은 수준을 자랑했어. 그 바탕에는 경제적인 번영이 있었단다. 무슬림들이 서아시아에서 익힌 관개 농법을 이용해 농사를 짓자 곡물 생산량이 크게 늘어났어. 그런가 하면 상인들은 이슬람 세계의 교역망에 뛰어들어 활발하게 상업과 교역을 벌였지. 덕분에 후기 우마이야 제국 곳곳에 크고 작은 도시들이 발달해서 번영을 누렸단다.

특히 수도인 코르도바는 바그다드와 함께 이슬람 세계의 번영을 대표하는 큰 도시로 성장했어. 한창때 코르도바의 인구는 그 수가 50만 명에 달했다고 해. 당시 유럽에서 인구 10만이 넘는 도시는 불과 3개밖에 없었으니, 코르도바는 유럽에서 가장 큰 도시였던 셈이지. 코르도바에는 도서관이 70여 개, 학교가 27개나 있었어. 이 가운데 알 하캄 2세의 도서관에는 약 50만 권의 책이 있어서, 이슬람 세계에서 손꼽힐 정도로 규모가 컸다는구나.

후기 우마이야 제국의 수도인 코르도바에 있는 이슬람 궁전이다. 이 궁전을 통해 후기 우마이야 제국의 번영을 엿볼 수 있다.

코르도바 학문의 특징은 정통 이슬람 학문에 여러 학문들이 어우러졌다는 점이야. 거기에는 코르도바의 지리적 요인이 작용했단다. 이슬람 제국이 정복하기 이전에 이베리아 반도는 서로마 제국과 서고트 왕국의 영토였어. 그래서 그리스와 로마 문화, 크리스트 교 문화가 이미 들어와 있었어. 그런가 하면 유대 사람들도 이곳으로 피난을 와 독자적으로 문화를 발전시켰지. 코르도바 사람들은 이교도들의 문화까지 끌어안아서 더욱 풍요롭게 문화를 일구어 냈단다. 이 때문에 코르도바는 13세기에 이르기까지 '유럽 학문의 빛' 역할을 했어. 당시 유럽의 부유한 집에서는 자녀를 코르도바에 보내 공부시키는 것이 유행할 정도였지.

이베리아 반도에는 이슬람 문화가 다른 문화를 향해 열려 있었고, 그들과 함께 존재했다는 것을 잘 보여 주는 곳이 있단다. 바로 그라나다의 알함브라 궁전이야. 알함브라 궁전은 이베리아 반도의 마지막 이슬람 국가인 그라나다 왕국 때 지었어. 알함브라 궁전은 분수와 회랑, 정원, 아라베스크 무늬가 잘 어우러진 아름다운 곳이야. 이곳에는 이슬람 양식과 에스파냐 양식이 섞여 조화를 이루고 있단다.

훗날 이슬람 왕국이 망한 뒤에도 이들의 문화는 에스파냐와 유럽의 여러 나라에 영향을 주었어. 이슬람 세계에서 발달한 지리학과 항해술, 수학, 중국에서 들여온 종이 만드는 법, 그리스의 과학 등이 유럽으로 전해졌단다. 즉, 이베리아 반도의 이슬람 문화는 미개한 유럽 사람들을 일깨우는 데 이바지한 셈이야.

● 클릭! 역사 속으로
하룬 알 라시드와 『아라비안나이트』

"압둘라는 금으로 장식된 커다란 성문을 지나 '그 도시'로 들어갔어. '그 도시'에는 가로수가 쭉쭉 뻗어 있고, 탑과 사원이 하늘을 찌를 듯 높이 솟아 있었어. 거리에는 과일 가게, 보석 가게 따위가 즐비했어. 가게 안에 놓인 궤짝에는 금화가 그득그득했지. 두 번째 성문을 지나자, 온통 비단옷에 값비싼 보석으로 치장한 사람들뿐이야. 압둘라는 화려한 '그 도시'의 모습에 얼이 빠졌어."

위에서 묘사한 내용은 『아라비안나이트』의 한 부분을 따 온 거야. 혹시 '그 도시'가 어디인지, 눈치 챘니? 바로 아바스 제국의 수도, 바그다드란다. 그리고 그 가운데에서도 8세기 무렵 아바스 제국이 황금기를 맞았을 때의 모습이지. 그 중심에는 하룬 알 라시드가 있었어.

786년에 칼리프 자리에 오른 하룬 알 라시드는 『아라비안나이트』에 자주 등장해. 그가 살았던 바그다드 역시 작품의 주요 무대로 나온단다. 『아라비안나이트』는 한 명의 작가가 짧은 기간에 완성한 작품이 아니야. 예부터 전해 내려오는 이야기가 하나씩 덧붙여지고, 또 조금씩 바뀌기도 하며 완성된 작품이지. 그래서 여기에는 이라크와 이란, 인도, 이집트, 투르크, 그리스 등의 설화가 뒤섞여 있어. 시간적 배경은 6세기부터 16세기에 이르고, 공간적 배경은 바그다드를 중심으로 먼 곳까지 뻗어나가 중국과 에스파냐 땅까지 이른단다.

그 가운데에서도 『아라비안나이트』가 8세기의 바그다드가 가장 무게 있게 다루어진 까닭은 무엇일까? 그만큼 풍족하고 화려한 시기여서, 얘깃거리와 볼거리가 많았기 때문이 아닐까?

활기를 띤 바다 비단길

앞에서 당이 화려하게 발달하고, 중앙아시아가 교역으로 크게 발전한 모습을 살펴보았지? 그런데 9세기에 이르러서 변화가 나타나기 시작했어. 당은 힘을 잃어 갔고, 중앙아시아 지역은 어지러워졌지. 그런데 이러한 변화 때문에 오히려 지중해와 인도양, 동남아시아 바다를 잇는 바다 비단길은 더욱 붐볐단다.

이번엔 바다 비단길을 따라가며 해양 교역으로 번영을 누린 아라비아, 인도와 동남아시아의 여러 나라들을 둘러보자꾸나.

| 무슬림 상인들이 바다 비단길을 누비다 |

「신드바드의 모험」을 읽은 적 있니? 가난한 상인인 신드바드가 배를 타고 떠나서 신비한 모험을 겪다가, 큰돈을 번 이야기란다. 신드바드를 보면 당시 무슬림 상인들이 배를 타고 세계 곳곳을 누비며 교역하던 모습을 그려 볼 수 있어. 신드바드처럼 괴물을 만나지는 않았겠지만, 낯선 곳에서 용감하게 길을 찾아가는 모습은 아마 꼭 같았을 거야.

터번을 두른 아랍 승객과 인도 선원이 탄 배를 그린 기록화이다. 무슬림 상인들은 배를 타고 지중해와 인도양, 중국 남부까지 누비며 활발하게 교역 활동을 펼쳤다.

무슬림 상인들이 바다를 누비던 시절은 8세기 무렵이야. 그 전에 먼저 육지 비단길이 쇠퇴한 이유를 들려주어야겠구나. 그것은 중앙아시아를 두고 이슬람 세계와 당 사이에 충돌이 잦아졌기 때문이야. 서로 싸우는 사이에 강력한 힘을 자랑하던 돌궐 제국과 위구르 제국, 당은 차례로 힘을 잃어 갔어. 그리고 더는 초원과 사막의 비단길을 안전하게 지켜 줄 수 없었어. 그러자 교역 길에 나섰다가 도적 떼에게 물건을 통째로 빼앗기는 무슬림 상인들이 심심치 않게 나타났단다. 심지어 목숨을 잃는 이들도 있었어.

"장사고 뭐고, 이러다간 살아남지도 못하겠구나. 초원길이나 사막길 말고 어디 다른 길이 없을까?"

이렇게 궁리하던 무슬림 상인들은 바다 쪽으로 눈을 돌렸어. 그 뒤로 바다 비단길은 점점 활기를 띠었어.

바다 비단길이 활기를 띨 수 있었던 데에는 기술의 발전도 큰 몫을 했어. 8세기 무렵부터 배 만드는 기술과, 항해 도구들이 빠르게 발전했어. 예전보다 더 큰 배를 만들어서, 더 많은 사람과 더 많은 화물을 실을 수 있게 되었어. 바다에서 방향을 가늠하는 기술이 발달한 덕분에 뱃길도 훨씬 안전해졌지. 또 항해술도 발달해서 항해 시간이 크게 줄었단다.

그리고 이 무렵 중국의 도자기와 동남아시아의 향신료를 찾는 사람들이 크게 늘었어. 그래서 바다 비단길을 오가는 무슬림 상인들의 발걸음은 더욱 분주해졌단다. 무겁고 깨지기 쉬운 도자기는 배로 옮기는 게 훨씬 쉬웠고, 동남아시아로 가려면 바닷길을 통하는 것이 가장 빨랐기 때문이야.

무슬림 상인들은 동쪽으로는 신라와 당의 남부, 인도, 동남아시아, 서쪽으로는 북아프리카와 이베리아 반도의 에스파냐까지 가서 장사를 했어. 아메리카 대륙을

인도양[*]
'인도의 바다'라는 뜻으로, 동남아시아에서 인도를 거쳐, 아라비아 반도, 아프리카 동해안에 이르는 바다이다. 태평양, 대서양과 함께 3대양으로 꼽힌다.

빼고는 거의 전 세계를 누빈 셈이야. 무슬림 상인 가운데에는 세계 여러 곳에 지사를 두고, 배를 수십 척이나 거느린 무척 부유한 이들도 많았어.

바다 비단길에서 유달리 무슬림 상인들이 큰 활약을 펼쳤던 데에는 무슨 까닭이 있지 않을까? 우선, 8세기 무렵 이슬람 세계는 서아시아와 북아프리카, 남유럽에 이르는 넓은 지역에 걸쳐 있었어. 또 중국이나 인도까지 이슬람 교가 퍼져, 그곳에도 무슬림들이 많이 살았지. 이처럼 무슬림들이 곳곳에 있으니, 이슬람 세계의 공용어인 아랍 어는 바다 비단길이 닿는 어디서든 통했단다. 중국 상인들도 장사를 위해 아랍 어를 배웠지.

또, 무슬림 상인들은 장사하는 데 쓸모 있는 지식과 수단들을 많이 가지고 있었어. 그들은 체계적인 회계법을 알고 있었고, 무거운 주화 대신 가볍고 편리한 지폐와 수표, 어음 등을 이용했단다. 지금이야 별 것 아닌 것 같아 보여도, 당시로서는 놀라운 거래 방식이었지.

게다가 이 무렵 이슬람의 항해술은 세계 최고 수준이었어. 무슬림 상인들은 삼각돛을 개발해 바람의 방향에 크게 얽매이지 않고 항해할 수 있었어. 아직 다른 나라에서는 대부분 사각돛을 사용하고 있을 때였지. 이 덕분에 무슬림 상인들은 다른 나라 상인들보다 빠르고 안전하게 바닷길을 다닐 수 있었단다.

삼각돛이 달린 큰 배에 물건을 잔뜩 싣고 떠나는 무슬림 상인들의 모습이 머릿속에 그려지니? 이처럼 8세기 무렵에 무슬림 상인들은 바다 비단길을 휘어잡고, 전 세계를 주름잡았단다.

인도가 바다 비단길의 중심에서 번영을 누리다

무슬림 상인들이 아라비아 반도 남쪽의 항구에서 배를 타고 인도양*을 가로질러 처음 도착한 곳은 어디일까? 바로 인도야. 이제 8세기 무렵 인도의 모습은 어땠는지 알아볼까?

당시 인도 북부는 여러 개의 나라로 나뉘어 있었어. 6세기 중반에 굽타 제국이 무너지고서 150년쯤 흐른 뒤, 인도 북부에는 하르샤 왕국이 들어서서 통일을 이루었어. 하지만 하르샤 왕국은 불과 50여 년 만에 무너져 버렸지. 그리고 이 무렵 인도 서북부에는 이슬람 세력이 밀고 들어왔단다. 인도 사람들은 이들을 통해 이슬람 교를 처음 접했지.

한편, 10세기 말 중앙아시아의 유목민인 투르크 사람들은 이슬람 교를 받아들이고, 오늘날의 아프가니스탄 지역에 가즈니 왕국을 세웠어. 그리고 여러 차례 인도 북부를 침략해 많은 재물을 약탈했지. 가즈니 왕국은 12세기 말에 또 다른 이슬람 국가인 구르 왕국에 멸망당한단다. 구르 왕국 역시 계속해서 인도 북부를 침략했어. 인도 북부의 여러 나라들은 힘을 모아 맞섰지만, 거세게 몰아붙이는 구르 왕국의 군대에 패하고 말았단다. 그 뒤 인도 북부에는 이슬람 문화가 퍼져 나가기 시작했어.

삼각돛을 단 아랍 배이다. 삼각돛을 달면 바람의 방향이 바뀌어도 그에 맞게 돛의 방향을 조절해 나아갈 수 있었다.

서유럽 지역은 지중해의 바닷길을 통해 주로 비잔티움 제국과 교역을 했어.

지중해에서 홍해로 가기 위해서 아랍 상인들은 낙타로 짐을 실어 날랐다.

아라비아 반도의 남쪽은 바다 비단길의 중요한 길목이었다.

이번에는 인도 남부로 가 볼까? 이곳에서는 팔라바 왕국과 찰루키아 왕국이 해양 무역을 통해 번영을 누리고 있었단다.

우선 팔라바 왕국부터 살펴보자. 팔라바 왕국은 4세기 무렵부터 인도 남부를 지배했어. 팔라바 왕국은 힌두 교의 영향을 많이 받았어. 왕이나 귀족들은 힌두 교를 열심히 믿었고, 곳곳에는 거대한 힌두 사원이 들어섰어.

한편, 팔라바 왕국의 상인들은 일찍부터 중개 무역으로 많은 이익을 얻었어. 즉, 동남아시아의 향신료, 목재, 중국의 비단과 토기, 종이 등을 직접 사다가 서아시아와 유럽에 팔았단다. 어떤 상인들은 아예 동남아시아 해안 지역에 눌러앉아 동남아시아의 교역을 주도하기도 했어. 그러는 사이에 인도의 건축 기술, 문학, 정치 제도 등이 동남아시아에 전해졌어. 이것은 동남아시아가 발전하는 데 큰 역할을 했지.

그런가 하면 찰루키아 왕국은 6세기 무렵 등장했단다. 찰루키아 왕국의 왕들은 여러 차례 팔라바 왕국을 공격했어. 팔라바

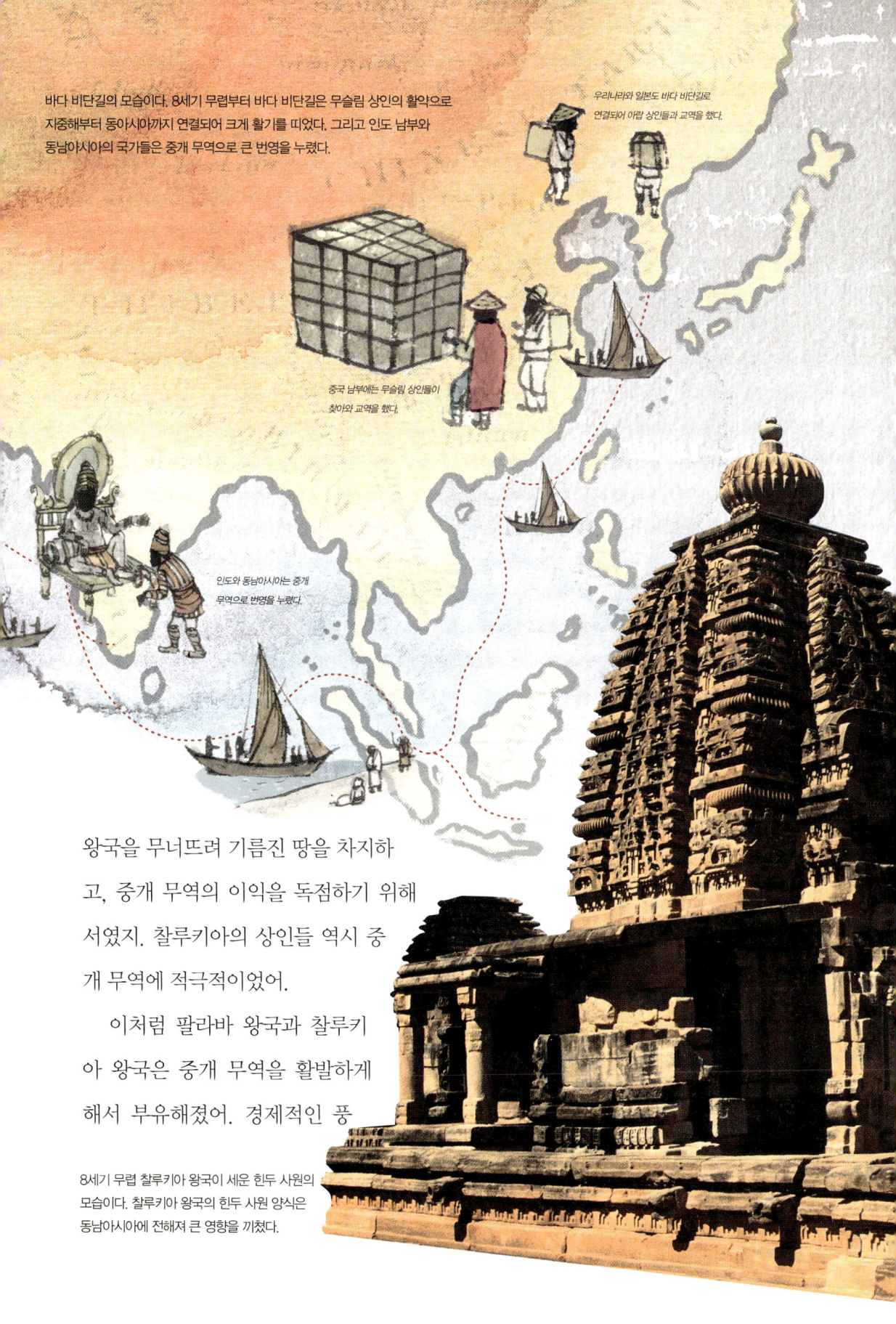

바다 비단길의 모습이다. 8세기 무렵부터 바다 비단길은 무슬림 상인의 활약으로 지중해부터 동아시아까지 연결되어 크게 활기를 띠었다. 그리고 인도 남부와 동남아시아의 국가들은 중개 무역으로 큰 번영을 누렸다.

우리나라와 일본도 바다 비단길로 연결되어 아랍 상인들과 교역을 했다.

중국 남부에는 무슬림 상인들이 찾아와 교역을 했다.

인도와 동남아시아는 중개 무역으로 번영을 누렸다.

왕국을 무너뜨려 기름진 땅을 차지하고, 중개 무역의 이익을 독점하기 위해서였지. 찰루키아의 상인들 역시 중개 무역에 적극적이었어.

이처럼 팔라바 왕국과 찰루키아 왕국은 중개 무역을 활발하게 해서 부유해졌어. 경제적인 풍

8세기 무렵 찰루키아 왕국이 세운 힌두 사원의 모습이다. 찰루키아 왕국의 힌두 사원 양식은 동남아시아에 전해져 큰 영향을 끼쳤다.

요는 문화와 예술의 발달을 이끌었지. 부유해진 왕과 상인들은 앞 다투어 문화와 예술을 후원했단다. 곳곳에 불교와 힌두 교 사원이나 건축물을 세웠고, 아름다운 조각들도 많이 만들었어. 울긋불긋 화려한 색깔의 그림들도 큰 인기를 끌었어.

인도 남부에서 발달한 문화는 상인과 승려들을 통해 바다 건너 동남아시아로 퍼져 나갔단다. 그들은 문화뿐만 아니라 인도의 발달한 정치 체제, 생활 풍습도 함께 전해 주었어. 5세기 무렵에는 동남아시아의 거의 모든 지역에 인도 문화가 퍼졌어. 이때 동남아시아에서는 푸난 왕국이 가장 강력한 세력을 떨치고 있었지. 푸난 왕국은 인도 문화를 적극적으로 받아들여 나라의 틀을 만들고, 문화 발전에 힘을 쏟았단다. 이러는 가운데 인도와 동남아시아는 점차 하나의 문화권으로 묶여 갔어.

장뇌*
향료의 하나이다. 주로 중국, 타이완, 일본 등지에서 자라는 녹나무에서 생산된다. 녹나무 가루에 증기를 통과시켜 만들고, 살충제, 방부제 등으로 쓴다.

백단향*
동남아시아와 인도에서 많이 자라는 나무이다. 나무의 속은 누르스름하고, 특유의 짙은 향기가 난다. 향료, 약품, 세공물 따위에 쓰인다.

| 동남아시아에 해상 무역 제국들이 들어서다 |

무슬림 상인들이 인도 다음에 찾아간 곳은 동남아시아였어. 인도와 붙어 있는 동남아시아에 처음으로 큰 나라가 등장한 것은 1세기 무렵이라고 알려져 있어. 바로 푸난 왕국으로, 오늘날의 베트남 남부와 캄보디아 지역을 다스렸단다. 푸난 왕국은 인도의 영향을 받아 발전했는데, 3세기 무렵에 중국과 인도 사이에서 중개 무역을 벌여 번영을 누렸지. 중국의 역사책에 따르면, 푸난 왕국에서는 금과 은을 화폐로 사용했고, 금은 그릇을 즐겨 썼다고 해. 그리고 왕은 여러 층으로 된 궁에 살았고, 백성들은

대부분 배 위에 집을 짓고 살았다는구나. 그런데 6세기 무렵부터 푸난 왕국은 기울기 시작했어. 그리고 참파 왕국이 새롭게 동남아시아의 강국으로 떠올랐지.

참파 왕국 역시 인도의 영향을 받아 발전한 나라로 알려져 있단다. 참파 왕국의 유적과 유물을 보면 힌두 교와 불교 등 다양한 인도 문화의 흔적들을 발견할 수 있어. 참파 왕국의 역사는 17세기까지 이어졌어. 이처럼 1000년 가까이 왕국이 이어질 수 있었던 비결은 무엇이었을까? 땅이 기름지고, 여러 가지 보석, 상아, 코뿔소 뿔, 향료 등이 풍부했기 때문이야. 참파 왕국의 상인들은 이 물건들을 다른 나라에 팔아 돈을 벌었어. 또 중국 남부와 인도를 오가며 진귀한 물건들을 사들인 뒤 그것을 다른 나라에 파는 중개 무역으로 많은 이익을 남겼단다. 이처럼 참파 왕국에서 교역이 발달할 수 있었던 것은 배가 다니기 좋은 항구가 많은 데다, 항해술과 배 만드는 기술이 발달했던 덕분이지.

그런데 해상 무역의 주도권을 잡으려고 참파 왕국에 도전한 나라들이 있었어. 바로 수마트라 섬에 세워진 스리위자야 왕국과 자와 섬에 있었던 샤일렌드라 왕국 등이었지.

스리위자야 왕국도 참파 왕국처럼 푸난 왕국의 힘이 약해지면서 크게 발전한 나라야. 스리위자야 왕국의 중심지는 수마트라 섬의 동남부에 있는 팔렘방이었어. 팔렘방 근처에는 중국과 인도를 배로 오가려면 꼭 거쳐야 하는 믈라카 해협과 순다 해협이 있단다. 8세기 무렵부터 바다 비단길이 활기를 띠자, 스리위자야의 왕들은 교역을 활성화시키려는 노력을 기울였어. 우선 무슬림 상인이나 인도와 중국 상인들의 배가 안심하고 다닐 수 있도록 해적들을 물리쳤단다. 또 상인과 뱃사람들을 위해 시장, 창고, 숙소 등을 만들었지.

덕분에 세계 각지의 상인들이 배를 타고 팔렘방으로 몰려들었어. 스리위자야 왕국의 정부는 상인들에게서 항구 이용료와 세금을 거두었단다. 그리고 스리위자야 상인들은 수마트라의 특산물, 동남아시아 다른 지역에서 사들인 장뇌*와 백단향*

등의 향료, 중국의 도자기와 진주, 비단, 인도의 면직물 등을 팔아 큰돈을 벌었어.

부유해진 스리위자야 왕국은 세력을 점점 넓혀 갔어. 그리고 마침내 말레이 반도와 자와 섬을 지배하는 동남아시아 최초의 해양 제국이 되었단다. 스리위자야 왕국은 11세기까지 동남아시아의 바닷길 교역을 이끌며 크게 번영을 누렸어.

스리위자야 왕국은 불교가 발달한 나라로도 널리 이름을 떨쳤어. 불교가 생겨난 인도와 가까워 인도 승려들이 많이 찾아온 데다가, 왕이나 귀족들도 불교를 힘껏 후원했기 때문이지. 불교가 발달하다 보니 다른 나라의 승려들도 스리위자야 왕국을 많이 찾았단다. 당의 승려인 의정은 "스리위자야 왕국에서 몇 년 동안 머물면서 공부할 필요가 있다."고 했어. 의정은 스리위자야 왕국을 방문한 신라 승려에 대한 기록도 남겼어.

스리위자야 왕국과 해상 주도권을 놓고 다툰 나라가 있는데, 바로 샤일렌드라 왕국이란다. 샤일렌드라 왕국은 8세기 무렵부터 크게 성장해 번영을 누렸어. 한때는 스리위자야 왕국과 다투기도 했지만, 나중에는 스리위자야 왕국과 합쳐졌지.

샤일렌드라 왕국에서도 불교가 발달했단다. 특히 8세기 말 자와 섬에 지은 보로부두르 사원*은 세계에서 가장 큰 불교 사원으로 유명해. 이 사원은 인도의 굽타 양식과 자와 사람들 특유의 예술 기법이 한데 어우러진 건축물이야. 보로부두르 사원을 통해서 샤일렌드라 왕국이 누렸던 높은 수준의 문화와 번영을 짐작할 수 있단다.

보로부두르 사원*
800년경 샤일렌드라 왕국 때 자와 섬 중앙부에 세웠다. 건축 양식은 인도의 굽타 제국과 그 뒤에 인도에서 발달한 예술에서 많은 영향을 받았다. 벽면에 아름다운 조각이 새겨져 있다. 한 변이 111.5미터인 네모난 기단 위에 약 31.5미터 높이로 둥글게 겹겹으로 단을 쌓아 만든 탑이 특징이다.

클릭! 역사 속으로
인도와 동남아시아를 여행한 의정

"육지가 보인다!"

뱃전에 선 사람들이 큰 소리로 외쳤어. 배에 탄 사람들은 기쁨으로 술렁거렸어. 그 중에는 당에서 온 의정도 끼어 있었어.

'드디어 도착이구나. 앞으로는 더욱 마음을 다잡아야겠다.'

의정은 인도에서 불교를 공부할 수 있다는 마음에 설레기도 하고 긴장되기도 했어. 이때가 671년으로, 서른아홉 살 때의 일이야.

의정은 열다섯 살에 인도로 가겠다는 결심을 했어. 이미 30여 년 전에 현장 스님이 인도에 다녀와서 훌륭한 책을 남겼어. 그를 본받아 인도에 가려는 당의 승려들은 많았지만, 머나먼 그곳에 가는 일은 쉽지 않았어. 승려 100명이 가면 그 가운데 돌아오는 이는 10명 정도밖에 되지 않았대. 그만큼 험난한 길이었지.

인도에 무사히 도착한 의정은 최고의 불교 학교라는 날란다 사원으로 갔어. 의정은 그곳에서 10여 년 동안 공부한 뒤 685년에 배를 타고 당으로 돌아왔어. 이때 측천무후가 몸소 의정을 마중했다고도 해. 의정이 가져온 짐 속에는 400여 권의 불경이 들어 있었어. 의정은 이 많은 불경들을 중국어로 번역해 중국의 불교를 크게 발전시켰지. 중국에는 3대 구법승(부처의 진리를 구하는 스님)이 있는데, 인도에서 처음으로 경전을 가져온 법현 스님, 『서유기』의 주인공인 현장 스님, 그리고 의정이야.

의정은 『남해기귀내법전』이라는 인도 여행기도 남겼어. 이 책에는 바다 비단길을 따라 어떻게 여행했는지, 어떤 항구에 들렀는지, 인도 사람들은 어떻게 살았는지 등이 담겨 있어. 이 책은 당시 바다 비단길과 인도 사회를 알려주는 훌륭한 자료란다.

아프리카 대륙의 발전

이제까지 아시아와 유럽 사람들이 바다 비단길을 통해 활발하게 오가고, 물건과 문화를 주고받는 모습을 살펴보았어. 어, 그런데 아프리카 사람들 이야기가 빠졌구나. 아프리카 사람들은 어떻게 지냈는지 궁금하지? 이 무렵 아프리카에도 왕국들이 들어서고 크고 화려한 도시가 발달했단다. 아프리카 왕국들은 다른 세계와 교역을 벌이며 문화를 주고받기도 했어. 그럼, 지금부터 아프리카로 함께 떠나 볼까?

| 가나 왕국이 교역으로 발달하다 |

북아프리카의 나일 강 유역에서 일찍부터 문명이 발달했다는 것은 모두들 알고 있지? 그런데 서아프리카의 니제르 강 주변에서도 문명의 꽃이 피었단다. 그럼, 서아프리카로 가 보자.

니제르 강 유역은 땅이 기름져서 농사짓기에 좋았어. 정확히 언제부터인지는 모르지만, 니제르 강 주변으로 사람들이 모여들더니 부족을 이루어 살기 시작했어. 시간이 지날수록 그 수는 점차 늘어났지

그런데 각 부족들은 말이나 생활 방식, 사는 곳이 저마다 달랐단다. 어떤 부족은 기름진 평야에서 마을을 이루고 살며 쌀, 목화, 호박, 수박 등을 기르며 살았어. 그런가 하면 어떤 부족은

아프리카 사하라 사막을 지나는 낙타 행렬이다. 낙타는 사막을 지나는 데 없어서는 안 될 교통 수단이다.

강에서 물고기를 잡아먹고 살았으며, 어떤 부족 사람들은 초원에서 낙타나 양을 기르며 살았지. 농사짓는 부족은 쌀이나 곡물 등을 초원에 사는 부족민들에게 주고, 대신 고기와 젖을 얻었어. 또 강가에 살던 부족은 물고기를 곡물과 바꾸었단다. 이러면서 이들 부족 사이에서는 일찍부터 교역이 발달했어.

기원전 3세기 무렵에는 북쪽에서 철기 문명이 들어왔어. 철기는 석기나 청동기에 비해 단단해. 그래서 숲을 베어 내고 농지나 주거지를 넓히는 데 매우 편리하단다. 철기를 사용한 뒤로 인구가 빨리 늘었고, 마을의 규모도 커졌어. 이 마을들을 중심으로 서아프리카에도 점차 왕국들이 발달했어.

이와 함께 북아프리카와 서아프리카 사이에 교역이 점차 활발해졌어. 거기에는 낙타가 큰 몫을 했단다. 사하라 사막은 북아프리카와 서아프리카를 가로막는 장벽이었어. 그런데 3세기 무렵, 낙타 등에 씌우기 알맞은 안장이 나오고, 낙타를 부리는 기술이 퍼졌어. 그러면서 많은 상인들이 낙타를 타고 사하라 사막을 오갈 수 있었지.

서아프리카의 모습을 그린 옛 지도이다. 낙타가 사막의 교통수단으로 널리 이용되면서 서아프리카는 교역으로 번영을 누렸다.

가나 왕국의 황금 장식품이다. 가나 왕국은 '황금의 나라'라고 불릴 정도로 많은 황금을 생산해 경제적인 번영을 누렸다.

말리 왕국*
가나 왕국을 무너뜨리고 13~16세기에 번영을 누렸던 서아프리카의 무역 제국이다. 1230년에 순디아타가 말리의 영토를 크게 넓혔고, 황금 교역으로 이름을 떨쳤다. 말리 왕국은 서아프리카의 대표적인 이슬람 국가로, 아프리카에 이슬람 문화를 퍼뜨리는 데 중심지 역할을 했다.

교역이 활발해진 덕분에 가장 크게 번영한 나라는 가나 왕국이야. 가나 왕국은 서아프리카 교역로의 길목에 자리 잡고 있었어. 또 주변에는 황금이 풍부해서, 가나 왕국의 왕은 백성들을 동원해 황금을 캔 뒤 상인들에게 팔았어. 그뿐만 아니라 강력한 군대를 키워 교역로 주변의 도적 떼들을 물리쳤단다. 이렇게 상인들을 보호해 준 대가로, 가나 왕국의 왕은 상인들에게 세금을 걷었지. 덕분에 가나 왕국은 부유한 나라가 되었어.

8세기 무렵부터는 무슬림 상인들이 가나 왕국을 많이 찾아왔어. 그들은 가나 왕국을 '황금의 나라'라고 불렀지. 이 무렵 가나 왕국을 방문했던 한 무슬림 여행자는 책에 이렇게 썼어.

"가나에서는 금이 모래 속에서 당근처럼 자란다. 사람들은 새벽에 금을 캐러 간다."

서아프리카에 온 무슬림 상인들은 이슬람 교와 이슬람 문화도 함께 전했단다. 그러자 서아프리카 왕국의 왕들 가운데 이슬람 교를 믿는 사람들이 하나, 둘 생겨났어. 당시 이슬람 교는 지중해와 북아프리카를 대부분 차지할 정도로 세력이 컸기 때문에, 그들은 이슬람 교를 믿는 것이 나라의 앞날에 유리하다고 생각했을 거야. 그런데 가나 왕국의 왕은 이슬람 교에 큰 관심이 없었지. 그 때문이었을까? 가나 왕국은 서서히 약해지다가 끝내 무너졌단다. 그리고 그 뒤 이슬람 교를 믿는 말리 왕국*과 송가이 왕국이 등장해 가나 왕국의 번영을 이어 갔지.

동아프리카에 기독교와 이슬람 문화가 퍼져 나가다

지금의 아프리카 사람들은 어떤 종교를 많이 믿을까? 50%쯤이 크리스트 교이고, 40%쯤이 이슬람 교를 믿는단다. 나머지 10%쯤은 아프리카의 전통 종교나 유대 교, 힌두 교 등을 믿고 있어. 즉, 대부분 크리스트 교와 이슬람 교를 믿고 있는 거야. 크리스트 교와 이슬람 교가 어떻게 해서 아프리카에 퍼졌는지 궁금하지?

아프리카에 크리스트 교가 처음 전해진 것은 2세기 무렵이야. 이때 북아프리카는 로마 제국의 지배를 받고 있었는데, 로마 제국에 크리스트 교가 널리 퍼지면서 북아프리카에도 퍼진 거야. 세계 최초로 수도원이 생긴 곳도 바로 북아프리카에 있는 이집트란다. 그 뒤로 크리스트 교는 다른 아프리카 왕국에도 전해졌어. 특히 바닷길을 통해 다른 지역과 활발하게 교류하던 동아프리카 지역에 널리 퍼졌지. 그 가운데 악숨 왕국의 이야기를 들려줄게.

악숨 왕국은 기원전 900년 무렵 아프리카의 동쪽 해안에 세워졌어. 처음에는 작은 도시 국가였지만, 여러 지역과 교역을 하면서 점점 번영을 누렸지. 악숨 왕국은 코끼리 상아를 팔아 큰돈을 벌었어. 스스로 금화를 만들어 썼는데, 이것은 상업과 경제가 매우 발달했다는 것을 보여 준단다. 악숨 왕국은 군대의 힘을 강하게 키워서, 한때는 아라비아 반도 남쪽까지 지배하는 거대한 나라가 되었지.

악숨 왕국은 350년 무렵 크리스트 교를 왕국의 공식 종교로 선포했어. 로마 제국은 313년에 크리스트 교를 인정하고, 392년에 국교로 삼았어. 그러니 악숨 왕국이야말로 세계 최초의 크리스트 교 국가라 할 수 있단다.

악숨 왕국은 한동안 아프리카 동해안을 휘어잡았지만, 이슬람 세력이 아프리카로 밀려들어 온 뒤로는 점차 힘을 잃어 갔어. 그러다 결국 지금의 에티오피아 땅인 고원 지대로 밀려났단다. 악숨 왕국은 높은 산들로 둘러싸인 그곳에서, 다른 지역과 별로

체체파리[*]
아프리카산 흡혈 파리를 통틀어 이르는 말이다. '체체'란 소를 죽이는 파리라는 뜻이다. 몸은 집파리보다 조금 크고, 사람이나 짐승의 피를 빤다. 체체파리에 물리면 수면병에 걸릴 수 있고, 심하면 목숨을 잃는 경우도 있다.

동아프리카를 그린 옛날 지도이다. 동아프리카는 아랍과 인도 사람들과 일찍부터 교역을 했고, 크리스트 교와 이슬람 교를 받아들여 문명을 발달시켰다.

왕래도 하지 않으며 왕국을 이어 갔어. 여전히 크리스트 교 국가로서 말이야.

그럼, 이번엔 이슬람이 어떻게 아프리카에 전해졌는지 살펴보자꾸나. 이슬람 교가 아프리카에 퍼지기 시작한 것은 7세기에 이슬람 제국이 이집트를 정복하면서부터란다. 이집트가 이슬람의 중심지로 발달함에 따라 북부와 서부 아프리카에도 이슬람이 퍼져 나갔어.

한편 동아프리카에는 다른 경로를 통해 이슬람 교가 퍼졌단다. 이슬람 제국이 세력을 크게 떨치고 있을 때, 아라비아 반도의 무슬림 상인들은 바다를 건너와 동아프리카를 자유롭게 다니면서 장사를 했어. 그리고 바닷가에 항구 도시를 만들고 거기에 모여 살았지. 그들의 영향으로 점차 많은 아프리카 사람들이 이슬람 교를 믿게 되었어. 아랍 사람과 아프리카 사람들은 결혼

도 하며 서로 어우러져 살았어. 그래서 동아프리카 해안 지방 사람들은 다른 지역 아프리카 사람들과 생김새가 다르단다. 아프리카 사람의 검은 피부에, 아랍 사람과 페르시아 사람의 얼굴을 하고 있지.

이슬람 교의 영향으로 동아프리카에는 새로운 언어가 생겨났어. 아랍 어와 아프리카의 반투 어가 섞인 스와힐리 어가 그것이야. 지금도 아프리카에서는 많은 사람들이 스와힐리 어를 쓰고 있어.

| 반투 족이 아프리카 중남부를 발전시키다 |

지금까지 서아프리카와 동아프리카를 살펴보았어. 이번에는 중부와 남부로 가 볼 차례야. 그런데 그 전에 일러둘 게 있단다. 아쉽게도 이 지역의 역사는 알려진 게 별로 없어. 중부와 남부 아프리카는 다른 지역과 왕래가 많지 않았기 때문이야. 아프리카 중부 내륙에 가려면 열대 정글을 지나야 해. 그런데 사나운 맹수와 무서운 병을 옮기는 체체파리* 같은 벌레들이 우글거리는 정글을 헤치고 갈 수 있는 사람은 그리 많지 않았을 거야. 아마 정글 속에서 목숨을 잃은 사람도 있었겠지. 남부 아프리카 역시 다른 지역과 교류가 드물었어. 바닷길로 간다 하더라도 너무 멀었거든. 게

철기를 만드는 반투 족의 모습이다. 반투 족은 철기 문명을 비롯해 농경과 목축을 아프리카 중부와 남부 지역에 퍼뜨렸다.

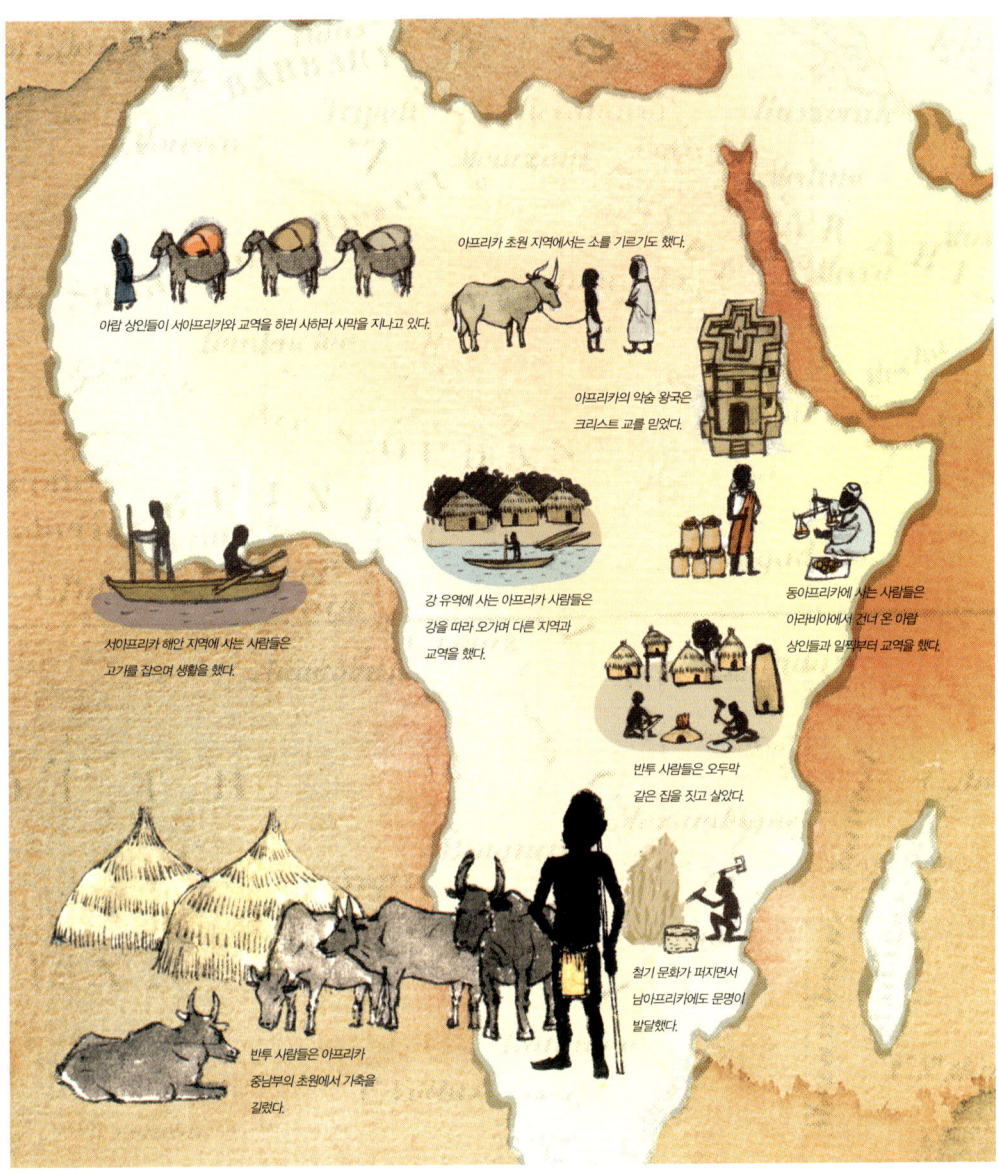

9세기 무렵 아프리카에는 크리스트 교, 이슬람 교를 비롯해 여러 문화가 들어와 여기저기에서 문명이 꽃피었다. 그리고 반투 족이 이동하며 철기 문화를 곳곳에 퍼뜨리면서 중앙아프리카와 남아프리카에도 문명이 발달하기 시작했다.

다가 당시 사람들이 기록을 남기지도 않아서, 이들 지역의 역사는 유물과 유적만을 가지고 연구하고 있단다. 아직 발견되지 않은 유물과 유적이 많으니, 앞으로도 새로운 사실들이 드러날 거야. 그럼, 아쉬운 대로 지금까지 알려진 아프리카 중남부의 역사를 보자꾸나.

중남부 아프리카의 주인공은 반투 족이야. 반투는 '인간'이라는 뜻이란다. 반투 족은 처음에 서아프리카의 열대 초원 지역에 살다가 남아프리카로 옮겨 간 것 같아. 그들은 이동하는 사이에 반투 어를 퍼뜨렸고, 다른 부족과 섞여 살기도 했어. 그러는 동안 부족 간의 구별이 옅어졌지. 그래서 지금은 반투 어를 쓰는 종족을 모두 반투 족이라고 불러. 아프리카 사람의 3분의 1이 지금도 반투 어를 쓰고, 특히 남아프리카는 대부분 반투 족의 땅이란다.

반투 족은 오랜 시간에 걸쳐 꾸준히 여러 곳으로 옮겨 갔어. 왜 그랬냐고? 정답은 아무도 몰라. 그러니 함께 추리해 볼까? 철제 농기구를 사용하면 농산물 생산이 많아져. 그에 따라서 인구는 늘지만, 땅은 부족해지지. 결국 땅을 갖지 못한 사람들이 더 넓은 땅을 찾아 떠났던 것은 아닐까? 그게 아니라면, 한곳에서 오랫동안 농사를 지었더니 땅이 메말라 가서, 더 좋은 땅을 찾아 갔던 것일까?

반투 족이 언제부터 철기를 사용했는지도 확실하지 않아. 유물을 보면 반투 족은 토기 굽는 기술이 아주 뛰어났단다. 그러니 불을 잘 다루었던 것 같고, 철기도 쉽게 다루었을 것이라고 짐작할 수 있지. 그리고 철제 농기구를 사용하던 반투 족이 이동하면서 남아프리카에 철기 문명이 시작되었지.

그때까지 중앙아프리카와 남아프리카에 살던 부족들은 철을 다루지 못했던 것 같아. 반투 족은 이동하면서 만난 부족들에 농사짓는 기술, 철제 무기와 농기구 만드는 법을 알려 주고 같이 어울려 살기 시작했어. 그러면서 반투 어가 널리 퍼졌고, 반투 어를 쓰는 부족은 모두 반투 족이 되었단다. 500년경에는 중남부 아프리카 전 지역에 반투 족이 퍼졌어. 그와 함께 반투 어, 철기 문화, 농경 기술도 퍼졌지. 이제 반투 족이 중남부 아프리카의 주인이 된 거야.

그 전까지 중남부 아프리카 사람들은 작은 부족을 이루어 띄엄띄엄 살고 있었어. 그런데 이제 많은 사람들이 큰 마을을 이루어 살기 시작했단다. 또 곳곳에 반투 족의 나라를 세우기도 했어. 반투 족의 왕은 나라를 다스리는 일은 물론 종교와 재판, 전쟁에서도 아주 큰 권한을 지니고 있었어. 왕은 왕국을 여러 지역으로 나누어 각 지역의 추장들에게 통치를 맡겼어.

여기까지는 다른 나라와 비슷한 것 같지? 하지만 반투 왕국만의 특징도 있었단다. 나라의 중요한 일을 결정할 때는 여러 부족의 추장이 모여 회의를 했어. 이 회의에서는 성인 남자라면 누구나 자유롭게 자기 의견을 말할 수 있었지. 심지어 왕을 비판할 수도 있었어. 한편 반투 왕국의 왕은 각 부족의 관습이나 전통을 잘 지켜야 했단다. 그것을 어기는 왕이 있으면 부족 회의를 거쳐 내쫓고, 더 좋은 추장을 왕으로 삼기도 했어. 그 옛날 아프리카에서 오늘날의 민주주의와 닮은 정치가 펼쳐지고 있었던 거야.

● 클릭! 역사 속으로
에자나와 아프리카 기독교

악숨 왕국을 다스리는 에자나 왕이 왕자의 방 앞을 지나가는 길이었어. 왕자는 프루멘티우스와 마주 앉아 공부를 하고 있었어.

"하느님은 하나뿐인 신이에요?"

왕자가 묻자 프루멘티우스가 대답했어.

"네, 그렇습니다. 하느님은 이 세상을 만든 유일한 신입니다. 하느님은 예수를 땅으로 보내 사람들에게 자신의 뜻을 널리 알리셨습니다."

에자나 왕은 크리스트 교를 공부하는 왕자를 보니 흐뭇했어. 왕자도 자기의 뒤를 이어 악숨 왕국에서 크리스트 교를 널리 퍼뜨리는 데 힘을 썼으면 좋겠다는 생각을 했지.

에자나 왕은 아프리카에서 처음 크리스트 교를 믿은 왕이야. 그는 프루멘티우스를 만난 뒤로 크리스트 교를 믿게 되었지. 그러고는 4세기 중반 악숨 왕국을 크리스트 교 국가로 만들었어. 에자나 왕이 다스릴 무렵 악숨 왕국은 크게 번영했어. 악숨은 홍해 주변을 지배하면서 아프리카 최대의 교역 중심지가 되었지. 또 에자나 왕은 지금의 수단과 예멘 땅에 이르는 곳까지 진출해 제국의 힘을 키웠어.

악숨 왕국은 훗날 에티오피아가 되었어. 크리스트 교 신앙은 에티오피아 왕국으로 바뀌어서도 계속 이어졌지. 그래서 에티오피아에는 수백 년 전에 지은 교회들도 많아. 특히 에티오피아 북부에 있는 랄리벨라는 '아프리카의 예루살렘'이라고 불릴 정도야. 이곳에 있는 교회들은 단단한 바위를 깎아서 만들어서 매우 독특하게 생겼어. 사람들은 아프리카에 이렇게 멋진 교회가 있다는 사실에 놀라고, 이곳의 크리스트 교 역사가 오랫동안 탄탄하게 이어져 왔다는 사실에 다시 한번 놀란단다.

크리스트 교 세계의 확대

8~9세기에는 아시아가 세계의 중심이었단다. 아시아의 동쪽 끝에 있는 당과 서쪽 끝에 있는 이슬람 제국은 눈부신 번영을 누리고 있었지.

그럼, 이 무렵 유럽은 어떤 모습이었을까? 비잔티움 제국은 유스티니아누스 황제 때 전성기를 누렸지만, 그 뒤로는 이슬람 세력에 밀려 영토가 크게 줄었어. 한편, 서유럽 역시 이슬람 세력의 거센 공격에 시달리느라 지쳐 있었지. 하지만 그런 가운데에서도 조금씩 기운을 차리고 새로운 시작을 준비하고 있었어.

| 비잔티움 제국의 문화가 퍼져 나가다 |

8세기 무렵, 비잔티움 제국은 이슬람 세력의 거센 공격에 맞서며 꿋꿋하게 크리스트 교 세계를 지켜 내고 있었어. 비잔티움 제국의 황제들은 밖으로는 여러 적들과 싸우는 한편, 안으로는 비잔티움 제국을 새롭게 만들려고 노력했어.

우선 그리스 어를 나라의 공용어로 삼았단다. 그 전까지만 해도 비잔티움 제국의 관청이나 군대에서는 라틴 어를 사용했

비잔티움 군대와 동유럽 불가르 족이 싸우는 장면을 그린 기록화이다.

어. 하지만 백성들은 대부분 라틴 어를 몰랐어. 비잔티움 제국의 영토는 그리스 문화의 영향이 큰 지역이어서, 일반 백성들이나 교회에서는 그리스 어를 썼거든. 정부 관리와 백성이 서로 다른 언어를 쓴다면 나라를 다스리기가 쉽지 않겠지? 그리스 어를 공용어로 사용하면서 비잔티움 제국 백성들은 하나로 뭉칠 수 있었어.

그리스 어가 공용어가 된 뒤로 또 다른 변화도 나타났어. 그리스 문화에 대한 관심이 생겨난 거야. 비잔티움 제국의 학자들은 그동안 잊고 있었던 그리스 고전을 다시 연구하기 시작했단다. 그러면서 비잔티움 제국은 그리스와 로마 문화의 중심지로 다시 떠올랐지.

이처럼 비잔티움 제국은 안으로는 단결을 하고, 문화의 발전을 이루어 갔어. 하지만 밖으로는 서유럽과 점점 멀어져 갔어. 왜 그랬을까? 당시에는 비잔티움 제국에도 황제가 있었고, 서유럽에도 황제가 있었어. 그런데 사실 우리가 비잔티움 제국이라고 부르는 이 제국의 진짜 이름은 '로마 제국'이란다. 예전의 로마 제국과 헷갈리지 않도록 비잔티움 제국이라고 부르고 있는 거야. 비잔티움 제국 사람들은 이렇게 생각했어.

"로마 제국은 하나뿐이야. 로마 제국을 다스리는 사람도 비잔티움 제국의 황제 하나뿐이어야 하지."

하지만 서유럽 사람들 생각은 달랐어.

비잔티움 제국의 하기야 소피아 성당을 본떠 세운 키예프의 소피아 성당이다. 비잔티움 제국은 크리스트 교를 동유럽 여러 나라에 전했고, 그 영향으로 동유럽의 슬라브 사람들 사이에 크리스트 문화가 퍼졌다.

비잔티움 제국의 황금 십자가이다. 비잔티움 제국 때는 크리스트 문화가 발달해 주변 여러 나라에 영향을 비쳤다.

"비잔티움 제국이 우리랑 무슨 상관이야? 왜 우리가 비잔티움 제국의 황제를 받들어야 하지?"

이뿐만 아니라, 비잔티움 황제는 교회의 지도자가 누구인가를 놓고 서유럽에 있는 교황과 실랑이를 벌였어. 그래서 비잔티움 제국과 서유럽 사이에는 찬바람이 불었던 거야.

하지만 비잔티움 제국과 동유럽의 관계는 사정이 아주 달랐어. 이 무렵 비잔티움 제국의 종교는 서유럽의 가톨릭과 구별해서 '그리스 정교'라고 불러. 비잔티움 제국의 황제들은 주변 민족들에게 그리스 정교를 퍼뜨리는 데 열심이었단다.

비잔티움 제국은 한때 자기네를 공격했던 슬라브 족을 개종시키는 데에도 성공했어. 그리고 비잔티움 제국의 의식주 등 생활 방식뿐 아니라 철학과 성화, 모자이크, 종교화, 건축 양식 등의 예술까지 슬라브 사람들에게 흘러들어 가 큰 영향을 끼쳤지. 또 9세기에 활동한 비잔티움 제국의 키릴로스와 메토디오스라는 선교사는 슬라브 사람들에게 선교를 하기 위해 문자를 만들었어. 이것을 '키릴 문자'라고 해. 키릴 문자에서 러시아 어를 비롯한 여러 슬라브 어 문자가 비롯했지.

비잔티움 제국의 문화는 초기 이슬람 세계에도 많은 영향을 주었단다. 이슬람 제국이 비잔티움 제국의 영토를 차례로 정복해 갈 때, 비잔티움의 문화를 접하고 많은 것을

배웠던 거야. 그뿐만 아니라 비잔티움 문화는 서유럽에도 전해져 훗날 르네상스가 일어나는 데에 큰 도움이 되었단다.

프랑크 왕국에서 문화가 꽃피다

이제는 비잔티움을 떠나 서유럽으로 갈 차례야. 8세기에 들어서 프랑크 왕국 안에서는 다툼이 벌어졌어. 프랑크 왕국을 세운 메로빙거 가문과 그에 도전하는 카롤링거 가문이 맞붙은 거야. 결과는 카롤링거 가문의 승리로 끝났단다. 하지만 싸움이 끝난 뒤에도 카롤링거 가문에 반대하는 목소리가 사그라지지 않았어. 바로 이때 로마 교황이 나서서 카롤링거 가문의 손을 들어 주었지.

"카롤링거 가문의 피핀을 왕으로 인정하겠소."

그렇다면 피핀도 교황에게 뭔가 보답을 해야겠지?

"로마와 이탈리아 중부 지방을 교황께 바치겠습니다."

말 탄 카롤루스 황제의 동상이다. 피핀의 아들인 카롤루스 황제는 프랑크 왕국의 영토를 크게 넓히고, 문화를 발전시켰다.

삼포식 농업[*]
농지를 셋으로 나누어 농사짓는 방법이다. 셋 가운데 하나를 번갈아 가며 쉬게 해서 땅의 힘을 되찾게 해 주어 생산량을 늘렸다.

이 덕분에 로마 교황은 자기 영토를 가진 영주가 되어, 세금도 걷고 군대도 거느리면서 더욱 강력해질 수 있었지. 프랑크 왕국과 로마 교황의 다정한 관계는 이후로도 계속된단다.

이렇게 왕으로서 자리를 굳힌 피핀은 여러 개로 갈라져 있던 프랑크 왕국을 다시 합치는 데 힘을 쏟았어. 그 덕분에 피핀의 아들 카롤루스는 더 넓고, 평화로운 왕국을 물려받을 수 있었지. 카롤루스 황제는 프랑크 왕국의 전성기를 이끌었단다. 전성기라고는 해도 동아시아나 이슬람 세계, 비잔티움 제국과 비교하면 아직 초라한 수준이었지만 말이야. 어쨌든 카롤루스 황제가 다스리던 프랑크 왕국으로 함께 가 보자꾸나.

카롤루스 황제는 주변 민족을 정복하면서 크리스트 교를 열성적으로 퍼뜨렸어. 또 이슬람 세력과 맞서 서유럽을 지키기도 했어. 이 시기 프랑크 왕국의 영토는 무척 넓어져서, 지금의 프랑스, 독일, 베네룩스 3국, 스위스 등 서유럽의 거의 대부분을 차지했어.

카롤루스 황제는 안으로는 제도를 정비하고 문화를 발전시키는 데 힘을 썼단다. 사실 당시만 해도 프랑크 왕국의 문화나

카롤루스 황제가 군대를 이끌고 성을 포위한 뒤 공격하는 모습을 그린 기록화이다.

정치, 법 등은 보잘것없는 수준이었어. 그런데 카롤루스 황제는 유럽 곳곳에서 유명한 학자들을 불러 모아 학문을 연구하게 했어. 또 왕국 곳곳에 학교를 세워 소년들을 가르쳤지. 궁전에는 왕실 도서관도 세웠어. 이 무렵 프랑크 왕국의 문화 발전을 가리켜 '카롤링거 르네상스'라고 불러.

한 가지 재미있는 것은, 정작 카롤루스 황제 자신은 평생 글을 깨치지 못했다는 거야. 베개 밑에 글씨 연습판을 깔고 잘 만큼 열심히 배우려 했지만, 끝내 성공하지는 못했대.

또 카롤루스 황제는 그동안 무너진 채 내버려 두었던 로마 시대의 길을 고치고, 새로운 길을 닦았어. 한편, 농업을 발전시키려는 노력도 계속 기울였단다. 달의 이름도 6월은 '쟁기의 달', 7월은 '풀 베는 달', 8월은 '수확의 달'로 바꿀 정도였지. 이 무렵 삼포식 농업*과 새로운 쟁기가 서서히 퍼지면서, 서유럽의 농산물 생산이 늘었단다. 프랑크 왕국은 농업의 발전이 가져온 풍요를 바탕으로 문화를 발전시킬 수 있었던 거야.

카롤루스가 60살쯤 되었을 때, 로마 교황은 그에게 '서로마 제국의 황제'라는 칭호를 주었어. 서로마 제국이 무너진 게 언젠데 갑자기 웬 서로마의 황제냐고? 부유하고 평화로웠던 로마 제국은 유럽 사람들에게 늘 그리운 대상이었단다. 비잔티움 제국이 로마의 명맥을 잇고 있다고는 해도, 서유럽 사람들에게는

카롤루스 황제 시대에 만든 은 동전이다.

카롤루스 황제가 외교 사절을 맞이하는 모습을 그린 기록화이다.

먼 나라 이야기였을 뿐이야. 그래서 로마 제국 시절의 영광이 카롤루스 황제를 통해서 다시 서유럽에 일어나기를 바라는 마음으로 그런 칭호를 주었던 거야.

그런데 카롤루스를 서로마 제국의 황제로 임명한 일은 교황에게도 큰 힘을 실어 주었단다. 훗날 황제 임명권이 큰 권력이 되거든. 이후 교황의 권위는 황제를 누를 수 있을 만큼 커지기도 했어. 한편, 이로써 서유럽에 상징적으로나마 남아 있던 비잔티움 제국의 영향력은 더욱 줄어들었어. 이는 동유럽과 서유럽의 문화와 정치가 다른 길로 나아가는 원인이 되기도 했단다.

카롤루스 황제가 죽은 뒤 프랑크 왕국은 다시 셋으로 갈라졌어. 그 가운데 가장 큰 부분은 오늘날의 프랑스와 독일이 되었단다. 갈라진 프랑크 왕국은 그 뒤로 다시 합쳐지지 못하고 계속 다투기만 했지. 이처럼 끊이지 않는 전쟁으로 서유럽이 혼란을 겪고 있을 때, 북쪽에서 바이킹이 내려왔어. 그 결과 서유럽은 다시 한번 큰 변화를 맞이해야 했지.

바이킹이 배를 타고 거친 파도를 헤치며 항해하는 모습이다. 바이킹의 배는 가볍고 튼튼했다.

유럽에 여러 나라들이 새로 등장하다

유럽 사람 가운데 아메리카에 처음 도착한 것은 누구일까? 콜럼버스라고? 아니야. 바이킹이란다. 지금부터 1000년 전쯤 스칸디나비아 반도에 살던 바이킹이 북아메리카에 첫 발을 내디뎠어. 그곳은 푸른 풀밭과 우거진 숲이 있고, 강에는 연어 떼가 가득한 풍요로운 땅이었어. 바이킹은 그곳에 머물러 살면서 그 땅에 '포도의 땅'이라는 뜻의 '빈랜드'라는 이름을 붙여 주었어. 하지만 얼마 지나지 않아 바이킹은 북아메리카에서 흔적도 없이 사라져 버렸어. 왜 그랬는지는 확실히 알 수 없어. 아메리카의 원주민에게 몰려났든가, 원주민과 섞여 살며 하나가 된 것이 아닐까 짐작할 뿐이야.

그럼 바이킹은 누구일까? 지금부터 바이킹을 따라가 보자. 바이킹은 북유럽 출신의 용맹한 해양 집단이란다. 노스만 혹은 노르만이라고도 하는데, 이는 모두 '북쪽에 사는 사람들'이라는 뜻이야. 바이킹은 본래 지금

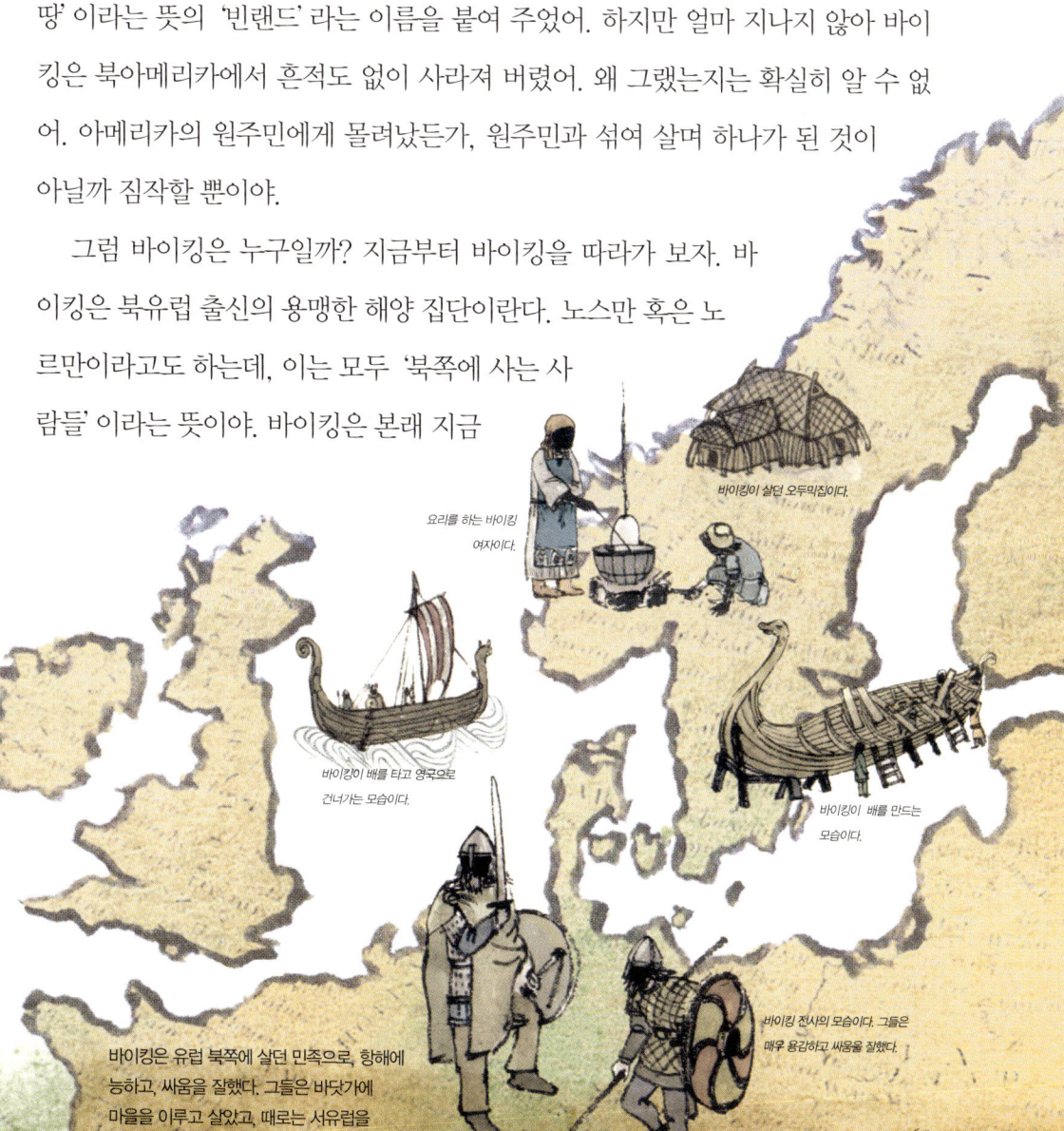

요리를 하는 바이킹 여자이다.

바이킹이 살던 오두막집이다.

바이킹이 배를 타고 영국으로 건너가는 모습이다.

바이킹이 배를 만드는 모습이다.

바이킹 전사의 모습이다. 그들은 매우 용감하고 싸움을 잘했다.

바이킹은 유럽 북쪽에 살던 민족으로, 항해에 능하고, 싸움을 잘했다. 그들은 바닷가에 마을을 이루고 살았고, 때로는 서유럽을 침략해 필요한 물건을 약탈하기도 했다.

의 유럽 북쪽 지방인 덴마크나 스칸디나비아 반도에서 가축을 기르고 농사를 지으며 살았단다. 그들은 해변이나 강가에 살았기 때문에 항해술과 배 만드는 기술도 뛰어났지.

그런데 800~1000년 무렵, 갑자기 유럽 여기저기에서 바이킹이 나타났단다. 바이킹은 물건을 가져와 장사를 하기도 했지만, 때로는 무서운 해적이 되어 해안가 마을들을 습격했어. 이 때문에 바이킹은 곧 해적을 가리키는 말로 쓰이기도 해.

그런데 왜 갑자기 바이킹이 원래 살던 곳을 떠나 곳곳에서 나타나 사람들을 놀라게 한 걸까? 그 이유를 정확히는 알 수 없어. 다만 그 무렵 지구의 기후가 내려가 북쪽 지방에서 농사가 잘되지 않았기 때문이 아닐까 추측한단다. 다행히 바이킹은 워낙 배를 잘 다루었으니까 바다를 가로질러 옮겨 가는 것은 그다지 어렵지 않았을 거야. 바이킹의 방문을 받은 사람들에게는 불행이었겠지만 말이야.

바이킹들의 유물 가운데에는 비잔티움 제국이나 이슬람 세계의 은화가 엄청나게 많아. 또 중앙아시아의 불상과 유물도 있지. 이것은 바이킹이 여러 바다를 누비며 세계 곳곳의 상인들과 장사를 했다는 것을 말해 준단다. 바이킹은 여러 곳에 무역 도시를 만들기도 했어. 그 가운데 하나가 프랑크 왕국과 국경을 맞대고 있던 헤데비야. 이 도시는 서유럽과 북유럽을 잇는 중요한 곳이었단다.

하지만 바이킹들이 장사만 한 것은 아니야. 옛 기록에는 바이킹이 날쌘 배를 타고 갑자기 나타나 마을을 공격하고, 사람을 해치고 물건을 빼앗았다는 내용이 자주 보인단다. 바이킹은 영국과 아일랜드, 프랑스 북부, 이탈리아, 시칠리아, 에스파냐까지 드나들면서 해적이라는 악명을 얻었어.

그러면 바이킹은 약탈을 좋아하는 성품을 타고난 것일까? 그건 아니야. 바이킹은 기후의 변화라는, 사람의 힘으로는 어쩔 수 없는 이유로 고향을 떠났어. 새로 살 곳을 찾아 나섰지만 그곳에는 이미 다른 사람들이 살고 있었지. 바이킹은 살기 위해 그 사람들과 땅을 놓고 싸움을 벌일 수밖에 없었던 거야.

그런데 바이킹은 점차 유럽 여기저기에 터를 잡고서, 그 지역에 본래 살던 사람들과 어울려 살기 시작했단다. 그런가 하면 유럽의 왕들은 바이킹이 모여 사는 곳을 아예 바이킹의 땅으로 인정해 주기도 했어. 프랑스의 노르망디 지역이 바로 그런 경우야. 노르망디란 '노르만 인의 땅'이란 뜻이지.

바이킹이 배를 타고 와 영국의 성을 공격하는 모습을 그린 기록화이다. 영국을 공격한 바이킹들은 훗날 영국을 정복하고 그곳에 정착했다.

바이킹은 유럽 곳곳으로 퍼져 나가 나라를 세웠단다. 1000년 무렵에는 노르망디를 다스리던 바이킹 출신의 공작이 영국을 정복하고 영국의 왕이 되었어. 또 일부 바이킹은 남유럽까지 내려가 시칠리아 섬에 왕국을 세웠지. 바이킹의 고향과 가까운 북유럽은 당연히 바이킹의 차지였어. 덴마크, 노르웨이, 스웨덴은 모두 바이킹의 후손들이 세운 나라야. 또 바이킹 중 일부는 지금의 러시아 지방까지 뻗어 나가 노브고로트 공국과 키예프 공국을 세웠어. 이들을 루시라고 하는데, 나중에 루시들이 세운 이 나라들은 지금의 러시아가 되었단다. 러시아는 바로 '루시의 나라'라는 뜻이야.

혼란 시대에 성과 기사가 발달하다

중세 시대의 서유럽을 살펴보니 마치 한시도 편안한 날이 없었던 것 같구나. 프랑크 왕국은 갈라져서 서로 싸우고, 북쪽에서는 바이킹이 내려와 사람들을 공포에 몰아넣고, 동쪽에서는 이슬람 제국이 위협하고 있었으니 말이야. 그래서 유럽 사람들은 어딘가 기댈 곳이 있었으면 하고 바랐단다. 하지만 국가와 왕은 그들을 지켜 줄 수 있을 만큼 힘이 세지 않았어. 이런 상황에서 봉건제가 발달했어. 봉건제란 영주와 왕이 어려울 때 서로 돕기로 약속한 거야.

"영주, 그대에게 영지를 줄 테니 전쟁이 일어나면 나를 도와 싸워 주시오."

"영지를 받은 대가로 폐하께 충성을 다하겠습니다."

영주는 기사들을 거느리고 영지를 지켰단다. 즉, 기사들은 영주의 군대인 셈이야. 전쟁이 잦은 때여서 기사의 역할은 매우 중요했어.

기사는 어떤 사람들이었

기사도 정신[*]
중세 유럽의 기사들이 지켜야 했던 원칙이다. 신을 공경하고, 영주에게 충성하며, 명예를 소중히 여기는 것 등이 포함되어 있다. 요즘도 정의롭고 여성을 잘 보호하는 남성에게 기사도 정신이 있다고 표현하기도 한다.

카롤루스 황제와 그를 따르는 기사들이다. 카롤루스 황제 시대에 기사 제도가 발달하기 시작했다.

을까? 아무나 기사가 될 수는 없었단다. 기사는 자기 말을 가지고 있어야 했는데, 말 값이 워낙 비쌌거든. 그래서 기사가 될 수 있는 사람은 대부분 귀족이었어.

기사가 되려면 다음과 같은 과정을 거쳐야 했어. 일곱 살쯤부터 영주가 사는 성으로 들어가서 기사가 해야 할 일, 기사도 정신,* 말을 타고 싸우는 방법 등을 배워야 해. 7~8년쯤 이런 교육을 받고 나면 그때는 기사의 시종이 될 수 있어. 시종은 기사의 말을 돌보고, 갑옷을 정리하고, 기사가 갑옷을 입는 것을 도와주는 일들을 했어. 하인과 별 다를 것 없는 처지였지. 그렇게 허드렛일을 하는 틈틈이 기사가 되기 위해 필요한 훈련도 해야 했단다. 그렇게 몇 년을 더 보내고 스무 살쯤 되면, 마침내 기사가 될 수 있었어.

기사가 되는 마지막 단계는 영주와 교회의 신부 앞에서 기사 임명식을 받는 것이었어.

"신에게 헌신하겠습니다. 영주에게 충성하겠습니다. 약한 사람을 보호하겠습니다."

기사는 이러한 맹세를 하고, 이를 평생 지켜야 했어.

이번에는 영주와 기사들이 살던 성을 둘러보자꾸나. 성은 영주의 집일 뿐 아니라, 적의 공격을 막는 요새였어. 성은 대부분 높은 언덕이나 산 위에 지었단다.

성 모양을 한 유럽 수도원이다. 바이킹의 침략 이후 유럽에서는 수도원도 성처럼 튼튼하게 지었다.

그래야 지키는 쪽은 적을 쉽게 볼 수 있고, 적은 성에 접근하기 어렵기 때문이야. 평화로울 때에는 농민들은 성 밖으로 나가 농사를 짓고, 가축을 길렀지. 영주와 기사들은 자주 사냥을 하러 다녔어. 그러다가 전쟁이 터지면 모두 성안으로 들어와 성을 지키면서 적에 맞서 싸웠단다.

동화책을 보면 아름다운 성에서 공주와 기사가 만나 사랑에 빠지는 이야기가 참 많지? 하지만 실제의 성은 그렇게 아름답지 않단다. 성은 적의 공격에도 끄떡없도록 돌로 튼튼하게 지었어. 같은 이유로 창문은 몇 개 만들지 않았는데, 그나마 있는 창문도 두꺼운 널빤지로 막아 두었지. 유리는 값이 비싼 데다가 쉽게 깨져서 적의 공격을 막기에 알맞지 않아 쓸 수 없었어. 겨울에는 추위 때문에 창문을 꼭꼭 닫아 두어서 안이 무척 어두웠어.

그럼, 기사들은 과연 동화책에 나오듯 멋졌을까? 물론 기사들은 기사로서 갖추어야 할 예의를 배웠단다. 하지만 싸우는 것이 직업인 사람들인 만큼, 동화 속 등장인물과 달리 대개는 거칠었어. 중세의 기사나 영주들은 대부분 글을 몰랐단다. 글을 읽고 쓸 필요가 생길 때면 수도사나 신부의 도움을 받았지.

이 당시 영주들의 생활수준은 동아시아나 이슬람의 귀족과 비교하면 한참 못 미쳤단다. 아직까지 유럽에서는 도시나 상업이 그다지 발달하지 않았거든. 하지만 점차 농업 기술과 상업이 발달하면서 유럽도 새로운 시기를 맞게 된단다.

갑옷을 입고 시합에 나선 기사 그림이다. 기사들은 전쟁이 없을 때도 서로 시합을 벌이며 무예를 단련했다.

클릭! 역사 속으로
유럽 기사의 본보기, 롤랑

"폐하, 안심하고 돌아가십시오. 여기는 제가 맡겠습니다."

롤랑은 씩씩하게 말했어. 하지만 카롤루스 황제는 마음이 놓이지 않았어. 사라고사의 마르실 왕이 약속을 저버리고 공격해 오지 않을까 걱정되었던 거야.

"만일 위험한 일이 생기면 뿔피리를 불어라. 그러면 곧바로 달려오겠다."

"예, 폐하."

카롤루스 황제가 발길을 돌린 지 얼마 지나지 않아, 말발굽 소리가 땅을 흔들었어. 걱정했던 대로 마르실 왕이 비겁하게 공격을 시작한 거야. 롤랑에게는 군사가 얼마 없어서 불리했지만, 그는 뿔피리를 불지 않았어.

"비겁하게 물러서면 기사의 수치가 아니겠는가? 왕에게 받은 창과 칼로 싸우다 죽는 것이 훌륭한 기사의 정신이다!"

롤랑은 군사들의 사기를 북돋아 주며 열심히 싸웠지만, 결국 숨지고 말았어.

"롤랑! 그대같이 용감하고 충성스러운 기사가 세상을 뜨다니!"

카롤루스 황제는 눈물을 뚝뚝 흘리며 롤랑의 죽음을 슬퍼했어.

위의 이야기는 11세기 말에 쓰인 「롤랑의 노래」라는 시의 줄거리야. 이 작품은 오랜 세월 많은 사람들의 사랑을 받아 왔단다.

이 무렵에는 기사들의 무공을 치켜세우는 시가 크게 유행했어. 독일 지역의 「니벨룽겐의 노래」, 영국 지역의 「아서 왕 전설」 등도 중세 기사의 활약을 보여 주는 작품들이야. 이것은 그만큼 기사들이 사회에서 차지하는 비중이 컸다는 것을 뜻해. 한편으로 당시 사회가 힘으로 상대를 눌러야 내가 살 수 있는, 혼란스러운 시대였다는 것을 말해 주기도 한단다.

교역로가 쭉쭉, 이어지는 세계

8세기쯤 아시아와 유럽, 아프리카 사이에는 교역로가 거미줄처럼 촘촘히 이어졌어. 교역로가 없던 곳에는 새로 생기기도 하고, 원래부터 있던 교역로는 더 멀리 뻗어 나갔지.

어떻게 해서 거미줄 같은 교역로가 만들어질 수 있었을까? 교역로를 닦은 주인공은 상인과 군인, 수도승 들이었어. 그들은 수백 년에 걸쳐서 길을 닦았어.

교역로를 따라 더 많은 물건과 더 많은 상인, 더 많은 기술과 도구가 퍼져 나갔어. 종교와 사상, 문화도 교역로를 따라 쏟아져 들어왔지. 그러면서 수천 킬로미터 떨어진 곳에 사는 사람과도 하나의 문명으로 묶이게 되었어.

여러 지역을 아우르는 큰 제국이 등장하면서 공용어가 생겼다. 공용어를 사용함으로써 상인들은 더 쉽게 교역을 할 수 있었다. 대표적인 공용어로 이슬람 제국의 아랍 어, 크리스트 교 세계의 라틴 어, 중앙아시아의 투르크 어 등이 있었다.

오랜 여행 경험이 쌓이자 좀 더 정확한 지도를 만들 수 있었으며, 큰 배를 만드는 기술과 항해술도 발전했다.

3~6세기 사이에 일어난 혼란이 잠잠해지면서, 아시아와 유럽의 인구는 크게 늘었다. 그에 따라 곡물, 철광석, 목재 등의 물자도 많이 들여와야 했다. 그래서 상인들은 교역로를 따라 다니며 물자를 부지런히 싣고 와서 팔았다.

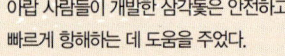

아랍 사람들이 개발한 삼각돛은 안전하고 빠르게 항해하는 데 도움을 주었다.

기원전 200년- 1000년

4
아메리카 문명의 발전

아메리카 대륙은 오랜 세월 동안 외떨어져 있었어. 아시아와 유럽, 아프리카의 나라들이 서로 활발하게 교류하고 있을 때에도 아메리카는 끼지 못했단다. 다른 대륙의 사람들은 아메리카라는 땅이 있다는 것조차 몰랐지.

하지만 아메리카에서도 사람들이 문명을 일구며 살아가고 있었어. 그럼, 그들은 언제, 어디에서 왔을까? 학자들은 이들이 약 2만 년 전에 아시아 대륙에서 짐승을 쫓아 넘어왔다고 본단다. 아시아 대륙과 아메리카 대륙 사이에는 바다가 있는데, 그 먼 옛날 어떻게 넘어갔냐고? 당시에는 아시아와 아메리카 대륙이 하나로 붙어 있었어. 그러다가 빙하가 녹아 바닷물의 높이가 올라가서, 육지였던 곳이 바다로 바뀐 거지.

아메리카 사람들은 대륙 곳곳에 흩어져 자연환경에 적응하여 살았단다. 크게 북아메리카, 중앙아메리카, 남아메리카 세 곳으로 흩어져 저마다 독특한 문화를 발전시켰지. 오랫동안 알려지지 않았던 세계, 많은 부분이 신비에 가려져 있는 아메리카 대륙 문명을 만나러 가 보자꾸나.

다양한 북아메리카 문명

오늘날 북아메리카에는 캐나다와 미국 두 나라가 있어. 지금은 이 두 나라에 백인들이 많이 살고 있지만, 백인들이 아메리카에서 살기 시작한 것은 얼마 되지 않는단다. 그러면 백인들이 아메리카 대륙을 찾기 전에는 이곳에 어떤 사람들이 살았을까?

학자들은 2만 년 전쯤에 아시아에서 건너온 사람들이 아메리카 원주민들의 조상이라고 이야기해. 아메리카 원주민들은 오랜 시간을 두고 아메리카 대륙 이곳저곳으로 흩어졌어. 그리고 각자 정착한 지역의 기후나 자연환경에 맞춰 다양한 문화를 발전시켰어. 이제 그들이 어떻게 살았는지 함께 살펴보자꾸나.

| 북아메리카의 원주민들이 여러 문명을 만들다 |

처음으로 아시아에서 아메리카 대륙으로 건너온 사람들은 아메리카 대륙 북쪽에 터를 잡고 사냥과 수렵으로 먹을 것을 장만했단다. 시간이 흘러 그 가운데 일부 무리는 남쪽으로 내려갔지. 북쪽에 남은 사람들은 오늘날 에스키모 사람들의 조상들이야. 그들은 사냥감을 따라 이곳저곳을 떠돌며 순록, 곰 등을 사냥하고, 돌로 만든 작고 예리한 도구들로 사냥한 동물의 껍질을 벗겨 따뜻한 옷을 만들어 입었지. 이들의 생활 방식은 몇 천 년 동안 큰 변화 없이 이어졌단다.

한편, 남쪽으로 내려온 무리들 가운데 일부는 북아메리카의 기름진 땅에 터를 잡았고, 일부는 오늘날의 멕시코가 있는 중앙아메리카와 안데스 고원이 있는 남아메리카까지 내려갔지. 처음에 이들은 대부분 사냥과 수렵으로 먹고 살았어. 그러다가 점차 농경 기술을 익혀 옥수수를 재배하기 시작했단다. 그 뒤로 멕시코와 안데스 고원 지역에 마을이 나타났고, 마을은 점차 도시가 되었지. 그리고 올멕 문명과 테오티와칸 같은 발달한 문명을 꽃피웠지.

그런데 멕시코나 안데스 고원 지역에 비해 북아메리카의 문명은 더디게 발전했어. 북아메리카 쪽이 기후도 더 좋고, 평야 지대도 발달해 살기가 더 좋았는데 북아메리카에는 발달한 문명의 흔적을 찾아보기 힘들어. 그 이유가 무얼까? 평야 지대가 워낙 넓어서, 사람들이 한곳에 모여 살기보다는 드문드문 떨어져 살아서 그랬을까? 그러다 보니 서로 교류가 이루어지지 않고, 기술과 지식의 발달이 늦었던 걸까? 아니면 먹을 것이 풍부해 다툼과 경쟁이 적어서 그랬을까? 북아메리카에서 문명이 더디게 발달한 이유는 정확하게 알 수는 없구나.

그래도 로마가 제국으로 발돋움할 무렵, 북아메리카에서도 조금씩 문명이 싹트

호프웰 문화 사람들이 미국 오하이오 주에 흙으로 만들어 놓은 뱀 모양의 무덤이다. 그 길이가 300미터가 넘는다.

기 시작했어. 이 무렵 동부의 산림 지대에서 살던 원주민들이 교역을 통해 문화를 일구었던 흔적이 발견되었는데, 이것을 아데나 문화라고 해. 그리고 뒤따라 일어난 것이 미시시피 강 유역에서 발달한 호프웰 문화야. 호프웰 문화 사람들은 농사도 짓고, 기술 수준이 높은 도자기와 금속 세공품을 만들고, 마을을 이루어 사는 등 꽤 높은 문명을 누린 것으로 알려져 있어.

그런데 호프웰 문화가 발달했던 미시시피 강 지역의 유물을 조사해 보았더니, 재미있는 결과가 나왔단다. 이 지역에서는 나지 않는 것들이 발견된 거야. 대서양 연안에서 나는 조개껍데기, 태평양 연안에서 나는 흑요석, 수피리어 호수와 가까운 광산에서 나는 구리 등등. 이것은 무엇을 말해 주는 걸까? 멀리까지 가서 조개껍데기나 흑요석, 구리를 얻어 왔다는 것을 알 수

미국 남서부에 살던 푸에블로 원주민의 암벽 거주지 모습이다.

북아메리카의 원주민을 그린 초상화이다.

있어. 즉, 호프웰 문화 사람들이 다른 지역과 활발히 교역을 벌였다는 사실을 말해 준단다.

그런데 호프웰 문화가 400년 무렵에 쇠퇴하더니, 호프웰 문화의 영향을 받은 미시시피 문화가 새롭게 나타났어. 미시시피 문화를 만든 사람들은 호프웰 사람들처럼 대규모로 교역도 하고, 땅을 갈아 옥수수와 콩을 길렀지. 그러면서 도시들도 발달했어. 그 중에서 1000년 무렵에 번영했던 카호키아가 대표적인 도시란다. 카호키아는 넓이가 8제곱킬로미터가 넘고, 3만 명가량의 사람이 살았던 대도시야. 카호키아 사회에는 태양이라 불리는 지배층이 있었고, 노예도 있었어. 한편, 카호키아 도시 유적에는 피라미드처럼 생긴 흙 둔덕이 있어. 흙 둔덕의 높이는 약 30미터로, 10층 건물의 높이와 맞먹는 정도란다. 왜 그렇게 높은 둔덕을 쌓았던 걸까? 이 흙 둔덕 위에 신전과 공공건물, 조각상 따위가 있었던 것 같아.

어때, 북아메리카 원주민들도 참 다양한 모습으로 살았지? 다양한 만큼 재미난 이야기들도 많을 텐데, 기록이 남아 있지 않아 더 많은 이야기를 들려줄 수가 없구나.

원주민들이 자연과 조화를 이루며 살다

북아메리카 대륙은 매우 넓어서 지역에 따라 기후와 자연 지형이 많이 달라. 얼음으로 덮인 아주 추운 곳이 있는가 하면, 사막이나 초원으로 이루어진 곳도 있어. 그리고 어떤 지역은 평야 지대가 끝없이 펼쳐져 있으며, 울창한 숲으로 뒤덮인 산악 지대도 있단다.

이렇게 다양한 자연환경 속에서 500개도 넘는 원주민 부족들은 다양한 방식으로 살아갔어. 예를 들면, 아파치 족은 대초원이 펼쳐진 서부에 살면서 농사도 짓고, 사냥도 하며 살았지. 그리고 호건이라고 부르는 흙집에서 살았단다. 수 족 역시 대초원에서 살았는데, 이들은 들소 떼를 따라 옮겨 다니며, 들소를 사냥했어. 이동이 잦아서, 쉽게 세우고 쉽게 접을 수 있는 티피라는 천막집에서 살았지.

한편, 푸에블로 원주민들은 사막과 산이 많은 남서부에서 살았어. 이들은 주로 옥수수를 길러 먹었고, 암벽에 집을 지었어. 또 이로쿼이 족은 동부 산림 지대에 살며 옥수수, 담배, 콩 같은 작물을 재배하고, 강에서 물고기를 잡았지. 그리고 주변에서 쉽게 구할 수 있는 나무와 나무껍질로 집을 만들고 살았단다.

이들은 대부분 추장을 중심으로 수십 명이나 수백 명씩, 규모가 아주 클 때는 수천 명씩 모여 살았지. 그러면서 자연환경에 맞춰 자연과 함께 살아가는 지혜를 터득해 갔어.

예를 들어, 원주민들은 사냥을 할 때 장소를 바꾸어 가면서, 필요한 만큼만 했어. 또 땅을 대하는 데에서도 자연을 배려하는 태도가 드러난단다. 인디언들은 몇 년에 한 번씩 농사짓는 땅을 바꾸었어. 이는 몇 년 동안 땅을 쉬게 해 주어서 땅이 힘을 되찾을 수 있도록 하려는 거란다. 이렇게 인디언들은 자연이란 소유하는 것이 아니라 공존의 대상이라고 여겼어.

북아메리카 원주민이 사용하던 물 그릇이다. 기원전 200~기원후 100년 사이에 만들어졌다. 새를 상징하는 인물이 새겨져 있다.

● 클릭! 역사 속으로

시애틀 추장이 보낸 편지

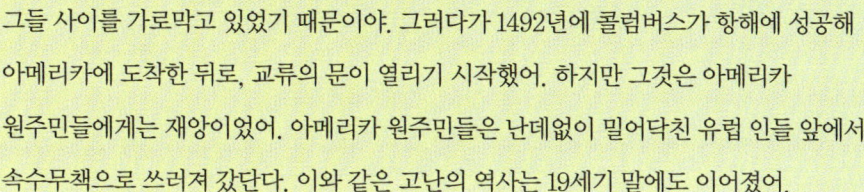

아메리카 대륙은 아주 오랜 세월 동안 다른 대륙과 교류 없이 지냈어. 넓은 바다가 그들 사이를 가로막고 있었기 때문이야. 그러다가 1492년에 콜럼버스가 항해에 성공해 아메리카에 도착한 뒤로, 교류의 문이 열리기 시작했어. 하지만 그것은 아메리카 원주민들에게는 재앙이었어. 아메리카 원주민들은 난데없이 밀어닥친 유럽 인들 앞에서 속수무책으로 쓰러져 갔단다. 이와 같은 고난의 역사는 19세기 말에도 이어졌어.

유럽 인들은 아메리카 원주민들을 밀어내고 북아메리카에 미국을 세웠어. 그러고는 총칼을 앞세워 원주민들이 살던 땅을 빼앗아 갔단다. 그러던 1850년 무렵, 미국 대통령이 시애틀이라는 원주민 추장에게 갖고 있는 땅을 팔라고 했어. 그러자 시애틀 추장은 다음와 같은 편지를 보냈어.

"어떻게 저 하늘과 땅의 온기를 사고팔 수 있단 말인가? 우리로서는 이해하기 어려운 생각이다. 신선한 공기와 반짝이는 물방울은 우리가 소유한 게 아닌데, 어떻게 그것을 사겠다는 것인가? …… 갓난아이가 엄마의 심장 소리를 사랑하듯 우리는 이 땅을 사랑한다. 그러니 우리가 이 땅을 팔게 되면, 우리가 했듯이 이 땅을 사랑해 주기를, 우리가 했듯 돌보아 주기를 바란다. 모든 아이들을 위해 땅을 보존하고 사랑하라."

원주민들에게 땅은 재산이 아니었어. 그들은 자신이 땅의 일부이며, 땅은 자신의 일부라고 생각했어. 이와 같은 생각은 조상 대대로 내려오는 거였어. 원주민들은 땅을 비롯해 그곳에 있는 꽃, 곰, 사슴, 독수리, 들소를 모두 형제로 여겼어. 먹고살려고 사냥을 하긴 했지만, 죽은 들소를 위해서는 춤을 추었지.

하지만 시애틀 추장은 결국 땅을 빼앗길 수밖에 없다는 것을 알고 있었어. 그래서 마지막까지 그 땅을 사랑해 달라고 부탁했던 거야. 자연을 사랑하지 않고 파괴한다면, 그 결과가 우리에게 돌아온다는 것을 알고 있었기 때문이지.

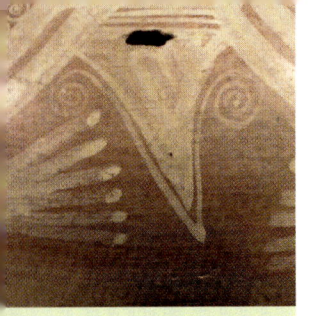

중앙아메리카 문명의 번영

중앙아메리카에서는 아메리카의 다른 곳보다 일찍부터 문명이 발생했단다. 기원전 900년경, 멕시코 만에서 아메리카 최초의 문명이 등장했어. 바로 올멕 문명이었지. 그리고 그보다 늦게 테오티와칸 문명이 생겨났어. 중앙아메리카의 문명은 아프리카, 아시아, 유럽 못지않거나, 일부는 그보다 앞서기도 했단다. 그럼, 중앙아메리카로 함께 가 볼까?

| 마야 제국이 등장하다 |

올멕 사람들은 중앙아메리카에 처음으로 문명을 일구어 냈어. 그들은 특이한 양식의 신전을 짓고, 옥으로 아름다운 보석을 만들었단다. 또 아메리카 대륙에서 처음으로 문자를 사용했으며, 달력을 만들기도 했어.

올멕 이후에는 테오티와칸과 마야 문명이 나타났단다. 테오티오칸 사람들은 기원전 2세기 무렵 도시를 세웠어. 이 도시는 4~7세기에 전성기를 맞았어. 테오티와칸 사람들은 교역으로 부를 쌓고, 강력한 군대를 앞세워 중앙아메리카에서 위세를 떨쳤단다. 그런데 번영을 누리던 테오티와칸 문명은 7세기 무렵 갑자기 자취를 감췄어. 정확한 이유는 알 수 없단다. 다만, 테오티와칸 사람들이 톨테카 사람들의 침입을 피해 남쪽으로 옮겨 갔을 거라고 짐작할 뿐이야.

한편, 테오티와칸 문명이 쇠퇴한 이후에도, 마야는 여전히 번영을 누리고 있었어. 마야 사람들은 기원전 1500년 무렵부터 멕시코 남동쪽의 유카탄 반도 밀림 주변에서 살았어. 그들은 강과 작은 호수에서 물고기와 조개를 잡아먹고 살았지. 그러다 시간이 흘러 옥수수와 라임, 카카오 같은 농작물을 기르기 시작했어.

농사를 짓는 데에는 날씨를 잘 살피고, 때맞추어 씨를 뿌리는 일이 중요하단다. 마야 사람들도 그것을 잘 알고 있었어. 그들은 테오티와칸 사람들에게 해와 달의 움직임을 관찰하는 법과 피라미드 만드는 법을 배워 두었어.

마야 사람들은 70년 무렵부터 피라미드를 짓기 시작했어. 이집트의 피라미드는 파라오의 무덤이지만, 마야 사람들의 피라미드는 해와 별의 움직임을 관찰하기 위한 시설이었어. 마야 사람들은 피라미드의 층계참에 태양과 샛별을 새겼단다. 마야 사람들은 해와 별의 움직임을 가장 잘 살피는 사람을 제사장으로 뽑았어. 제사장은 하늘을 잘 살핀 뒤 언제 제사를 지내고, 씨를 뿌리고, 왕의 즉위식을 올리면 좋을지를 정했어.

마야 제국의 도시 유적의 중심부에 있는 궁전의 유적이다. 마야 제국의 왕은 강력한 힘을 갖고 있었다.

옥수수 *
한해살이풀로 높이는 2~3미터이다. 멕시코에서 남아메리카 북부에 걸친 지역이 원산지로 알려져 있다. 아메리카의 원주민들은 기원전부터 옥수수를 재배하였고, 우리나라에는 중국을 통해 전해졌다.

날씨에 대한 지식이 쌓일수록 마야 사람들은 점점 더 많은 곡식을 거둘 수 있었지. 덕분에 인구는 자꾸 늘어나고, 마을도 많아졌단다. 여러 마을 가운데 왕래가 편한 곳에는 남는 물건을 팔고 필요한 물건을 사려는 사람들이 모여들었어. 점차 이 마을은 도시로 성장했지.

도시에는 제사장과 지도자, 귀족들이 살았어. 250년쯤 되자 유카탄 반도 남쪽에는 도시가 여럿 생겨났어. 이 도시들은 작은 강과 호수를 경계로 자연스레 나뉘었는데, 나중에는 각각 독립된 도시 국가로 발전했단다.

마야 사람들이 옥수수 농사를 짓다

이번에는 마야 사람들이 어떻게 살았는지, 좀 더 자세히 들여다보자꾸나.

마야 사람들은 잉카 제국이나 아스텍 제국처럼 통일 국가를 만들지는 못했단다. 도시를 중심으로 세워진 작은 왕국들이 끊임없이 싸우며 갈라져 있었거든. 어느 정도로 작은 왕국이었냐고? 2~3일이면 왕국 전체를 돌아볼 수 있을 정도였단다.

마야의 사회는 지배층인 왕과 귀족, 피지배 계층인 농민과 노예 계층으로 나뉘었어. 마

마야 사람들이 사용하던 토기이다. 마야 사람들은 옥수수 농사를 지어 먹고 살았으며, 수확한 옥수수를 토기에 보관했다.

야의 왕은 대제사장의 역할도 함께 맡았어.

"나는 신들과 특별한 관계를 맺고 있다. 내가 신에게 부탁하면 나를 위해 비를 내려 주신다!"

왕은 이렇게 주장했단다. 비는 농작물을 키우는 데에 절대적으로 중요해. 그래서 비를 좌우할 수 있는 사람은 그만큼 권위가 높았어.

귀족 계층에는 사제, 군인, 관리, 상인 들이 있었어. 사제들은 모두 천문학에 능통했어. 천문학은 날씨와 날짜 등을 연구하는 것이라 이것도 농사와 관계가 깊지. 한편, 귀족 계층의 일부였던 군인들은 나중에 가서 정치권력을 쥐었단다.

그런가 하면 마야의 농민들은 옥수수와 호박, 코코아 따위를 기르고, 꿀 따는 일 등을 했어. 농민들은 왕에게 옥수수와 사슴 고기를 바치고, 왕궁을 짓는 일에도 불려 가야 했단다. 농민 아래에는 노예 계층이 있었어. 이들은 전쟁에서 잡혀 오거나, 귀족 밑에서 일하던 농노였지.

마야 사람들은 계층에 따라 각기 다른 지역에서 살았어. 지배층인 왕과 귀족들은 도시 가운데에 있는 신전 주변에 모여 살았고, 그 주변에는 각종 물건을 만드는 수공업자들이 살았지. 농민들은 도시에서 떨어진 촌락에서 살았단다.

이번엔 마야 사람들이 무엇을 먹고 살았는지 알아볼까? 혹시 토르디야리는 멕시코 음식을 아니? 옥수수 가루로 만든 납작한 빵인데, 멕시코 사람들이 즐겨 먹는 음식이지. 그런데 그 옛날 마야 사람들도 옥수수로 만든 음식을 즐겨 먹었어. 마야 사람들이 살던 땅은 대체로 메마른 데다가 비도 얼마 내리지 않아서, 곡물을 기르기가 어려웠어. 그런데 옥수수는 이런 땅에서도 해마다 쑥쑥 자랐단다. 그래서 옥수수를 마야 사람들은 주식으로 먹었어.

"옥수수는 신이 보내 주신 최대의 선물이다!"

마야 사람들은 이렇게 생각하고, 옥수수를 소중히 여겼어. 그래서 지금도 멕시코의 일부 농부들은 옥수수를 말할 때 반드시 존칭을 붙인다는구나.

마야 사람들은 고기를 많이 먹지 못했어. 개와 칠면조, 머스코비 오리를 길러 잡아먹거나, 사슴과 물고기 따위를 잡아먹기는 했지만, 풍족하지는 않았단다. 특히 사슴 고기는 지배층이나 먹을 수 있는 귀한 것이었지. 마야 사람들의 먹을거리는 비교적 단조로웠고, 단백질 섭취량이 적었단다.

　한편, 마야 사람들에게 종교는 삶과 아주 밀접했어. 그들이 믿은 종교의 이름은 아쉽게도 지금은 알 수 없구나. 마야 사람들은 해와 달, 별, 비, 바람, 땅의 신들을 모셨어. 그들은 이 신들이 날씨와 농사를 맡고 있다고 믿었어. 특히 날개 달린 큰 뱀 모양의 쿠울칸을 만능신으로 섬겼지. 마야 사람들은 신전이나 마을 유지의 집에 있는 예배당에 가서 향을 피우고 복을 내려 달라고 기원했단다.

　마야 사람들은 살아 있을 때 어떻게 살았느냐에 따라 죽은 다음에 천국과 극락에 해당하는 '야슈체'에 갈지, 지옥에 해당하는 '메토날'에 갈지 결정된다고 믿었어. 또 그들은 인간의 영혼은 끝이 없어서, 저승에서의 삶도 영원히 이어진다고 믿었단다. 이처럼 복을 빌고, 선과 악을 가르는 윤리 의식은 다른 대륙의 종교에서도 찾아볼 수 있는 공통점이야.

　마야 사람들의 삶을 살펴보니 어떤 생각이 드니? 멀고 신비하게만 느껴졌는데, 알고 보니 우리와 별 다를 것 없는 사람들이었던 것 같지 않니? 흔히들 외모나 피부색, 언어 등에 따라 사람을 가르지. 하지만 알고 보면 누구든 간에 생각하는 것, 윤리 의식, 사회의 규칙 등에서 참 닮은 점이 많아. 이를 가리켜 사람들이 가진 '보편성'이라고 부른단다.

천문학과 수학이 발달하다

이번엔 마야 문명을 좀 더 자세히 살펴볼까? 마야 문명의 특징으로는 천문학과 수학의 발달을 꼽을 수 있어. 그 가운데에는 유럽보다 1000년가량 앞선 것도 있단다. 어떤 것들인지 궁금하지?

먼저 천문학부터 알아보자. 일찍이 마야의 사제들은 해와 달, 금성 등의 움직임을 몇 세대에 걸쳐 자세히 관측해 왔어. 물론 첨단 장비 같은 것은 없었고, 오로지 맨 눈으로 살폈지. 그리고 그 결과를 모아 달력을 만들었어. 그런데 놀라운 것은, 이들이 알아낸 태양과 금성의 주기 등이 유럽 사람들이 16세기 말에 알아낸 것보다 정확했다는 거야. 그때는 아직 분수나 소수와 같은 복잡한 수학을 알지도 못했는데 말이야.

그럼, 마야의 달력을 간단하게나마 살펴볼까? 마야 사람들은 크게 세 가지 달력을 사용했단다. 첫째는 1년을 365일로 보는 달력이야. 지금 우리가 세는 1년의 날짜와 같지? 하지만 닐

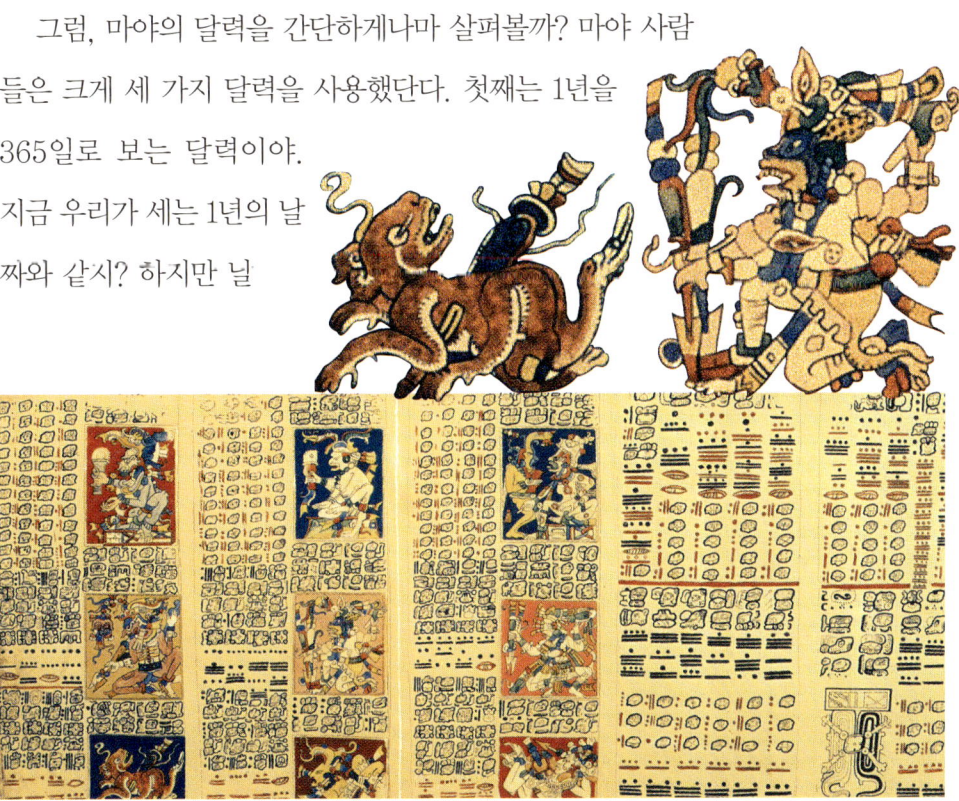

마야의 달력이다. 마야의 달력은 크게 1년을 365일로 계산한 달력, 260일로 계산한 달력, 260일짜리 달력 2개를 톱니바퀴처럼 맞물려 돌리며 계산한 달력 세 가지로 나뉜다.

의 개수는 같아도, 달의 개수는 달라. 20일짜리 달 18개, 5일짜리 달 1개가 모여 1년이 19달로 이루어졌단다. 계산해 보렴. (20일×18달)+(5일×1달)은 365일이지? 두 번째는 1년을 260일로 보는 달력이야. 20일짜리 달 13개가 모여 1년을 이루지. 셋째는 260일짜리 달력 2개를 톱니바퀴처럼 맞물리게 해서 돌리며 계산하는 달력이란다.

마야 사람들은 수학에도 능했어. 그들은 이미 숫자 0의 개념도 알고 있었어. 그리스나 로마와 같이 수준이 높았던 문명권에서도 0을 알지 못했으니, 마야 사람들의 수학이 얼마나 뛰어났는지 알 수 있겠지?

마야 사람들은 상형 문자를 만들어 쓰기도 했어. 하지만 안타깝게도 마야의 문자는 잊혀지고 말았단다. 에스파냐가 지배하던 16세기에 에스파냐에서 온 란다 주교가 이교도의 문화를 없애야 한다면서 마야 문서들을 거의 다 불태워 버렸기 때문이야. 마야의 후예들도 마야 문자를 배우지 않아 마야 문자를 읽을 수 있는 사람이 없어졌지.

그런데 19세기에 이르러서, 비문에 남아 있던 마야 문자가 해독되었단다. 덕분에 마야 왕의 업적과 왕조의 역사, 도시 국가들 사이의 정치와 혼인 관계 등이 자세히 드러나기 시작했지.

이처럼 뛰어난 마야 문명은, 오로지 마야 사

공놀이를 하는 마야 사람 모습을 새긴 둥근 접시이다.

마야의 신전이다. 마야 사람들은 테오티와칸 사람들에게 피라미드 모양의 신전을 짓는 법을 배웠다. 마야의 신전은 하늘을 관측하는 천문대이기도 했다.

피라미드[*]
사각뿔 모양의 건축물이다. 계단식으로 된 것도 있고, 때로는 옆면이 사다리꼴로 생겨 꼭대기가 평평한 것도 있다. 흔히 피라미드라면 이집트를 떠올리지만, 서아시아와 그리스, 남아메리카, 태평양의 여러 섬 등에서도 피라미드를 세웠다.

람들이 독창적으로 이룬 것은 아니야. 마야 사람들은 올멕 사람들로부터 문화적 영향을 받았고, 테오티와칸 사람들로부터는 피라미드[*] 건축법을 배웠어. 옥수수와 콩, 호박 등의 농작물과 도기, 문자, 달력 등도 다른 지역에서 들여온 거란다. 그렇다고 마야 사람들이 받기만 한 것은 아니야. 그들도 다른 지역에 자기네 문화를 전해 주었지. 마야 사람들은 아스텍 제국의 미술에 영향을 주었단다. 한편, 테오티와칸 유적에서 마야의 비취 장식품이 발굴되었어. 이것은 중앙아메리카에서 각 문명들끼리 교류했다는 것을 보여 준단다.

그런데 10세기가 되어 마야 문명은 갑자기 무너졌어. 왜 그랬을까? 가장 큰 이유는 인구가 늘었기 때문이란다. 농사지을 수 있는 땅에 비해 사람들이 너무 많아진 거야. 마야 사람들은 더 많은 식량을 얻으려고 산림을 농경지로 바꾸었어. 이는 산림 파괴를 불러왔고, 이 때문에 농지는 도리어 줄어들었어. 게다가 심한 가뭄까지 겹쳐서 점점 살기 힘들어졌지. 그래서 마야 사람들은 문명을 가꾸었던 고향을 버리고 떠나기 시작했단다. 지나친 욕심이 환경 파괴를 불렀고, 이것이 문명 붕괴까지 이어진 거야.

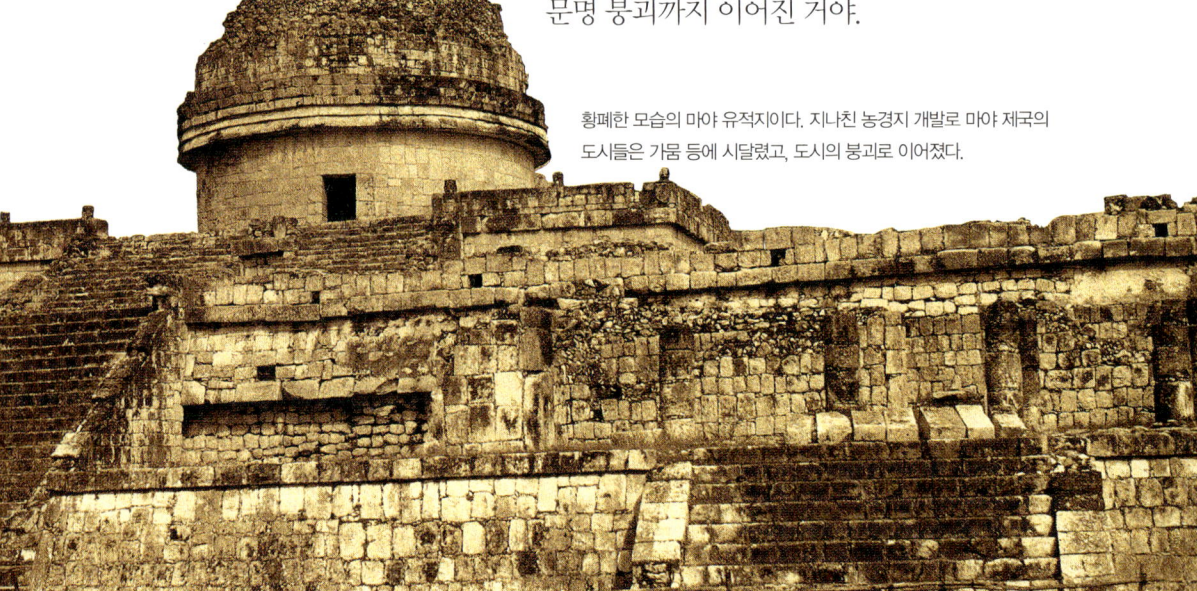

황폐한 모습의 마야 유적지이다. 지나친 농경지 개발로 마야 제국의 도시들은 가뭄 등에 시달렸고, 도시의 붕괴로 이어졌다.

● 클릭! 역사 속으로
옥수수로 인간을 만든 마야의 신

"오, 놀랍군. 이런 방법이 있었어."

스무카네 주위에 모인 마야의 신들은 눈이 동그래졌어. 스무카네가 옥수수 낱알을 아홉 번 빻고 물을 조금 붓자 인간 네 명이 생겨났어. 이번에는 지난번과 달리 썩 괜찮아 보였어.

마야의 신들이 인간을 만든 것은 이번이 세 번째였어. 신들은 세상을 다 만든 뒤에 자기네를 섬기게 하려고 동물을 만들었어. 하지만 동물은 말이 통하지 않아서 인간을 만들어야겠다고 마음먹었지. 처음에 진흙으로 인간을 빚었더니, 말은 했지만 뜻이 통하지 않았어. 게다가 힘없이 부서져 버렸지. 두 번째로 만든 나무 인간들은 뜻이 통하고, 자식을 낳을 수도 있었어. 하지만 영혼이 없어서 신들을 섬기지 못하더래. 그래서 신들은 나무 인간들을 없애기로 작정하고, 대홍수와 무시무시한 표범을 보냈어. 그런 뒤, 세 번째 도전에 나선 거야. 옥수수로 만든 인간들은 어떻게 신들을 모셔야 하는지 금세 깨쳤어. 비로소 마야의 신들의 마음에 드는 인간이 생겨난 거야.

이 이야기는 마야의 신화야. 이처럼 마야 사람들은 세상이 어떻게 만들어지고, 사람이 어떻게 태어나게 되었는지를 이야기에 담아 자손 대대로 전해 주었어.

옥수수의 원산지는 **중앙아메리카**야. 옥수수는 밀 다음으로 세계에서 재배 면적이 가장 넓은 작물이지. 그런데 이런 옥수수가 마야 사람들에게 더욱더 각별했단다. 마야 사람들은 중앙아메리카의 밀림 지역에 뿌리내리고 살았는데, 이 지역은 농사짓기가 힘들었어. 하지만 옥수수는 큰 힘 들이지 않고도 잘 자라 주었단다. 옥수수는 마야 사람들의 주식이 되었고, 그에 따라 마야 사람들은 옥수수를 생명처럼 소중히 여겼어. 그런 마음에서 인간도 옥수수로부터 비롯했다는 신화를 만들어 낸 거란다.

남아메리카의 여러 문명들

북아메리카, 중앙아메리카를 거쳤으니, 이제는 남아메리카로 가 볼까? 우리가 가 볼 곳은 지금의 페루 땅인 안데스 지역이야. 안데스 지역에 처음 문명이 나타난 시기는 기원전 1800~기원전 1000년 무렵이야. 안데스 산지 곳곳에서 옛날 사람들이 쓰던 토기 등의 유물들이 발견되었어.

발견된 곳의 지명을 따서 세친 문화, 모헤케 문화 등으로 불러. 그 뒤로 나스카 문화, 모체 문화 같은 문명들이 1000년경까지 나타났단다. 그런데 안데스에 살았던 사람들은 기록을 남기지 않아서 그들이 어떻게 생활했는지, 다른 문명과 어떤 관계를 맺었는지 자세히 알 수는 없어. 아쉬운 대로 알려진 만큼만 이야기해 줄게.

| 안데스 지역에 여러 문명이 나타나다 |

안데스 산지에서 크게 발달했던 최초의 문명은 기원전 1000~기원전 800년 사이에 발생한 차빈 문화야. 차빈 문화는 페루의 북부와 중부 고원을 중심으로 생겨나 안데스 지역, 즉 현재 페루의 산악 지방과 해안 지방의 3분의 2에 해당하는 넓은 지역으로 퍼졌어.

차빈 문화 사람들은 한곳에 모여 살면서 옥수수를 기르고, 라마를 길들여 가축으로 키웠

무기를 들고 있는 차빈의 전사를 새긴 조각이다.

어. 마을에는 대개 1000명 정도의 주민들이 있었고, 신관이 다스렸단다.

　차빈 문화의 대표적인 유적은 마라뇬 강 상류의 차빈 데 우안타르에 있는 석조 대신전이란다. 원래 작은 신전이었는데, 기원전 400년 무렵 대규모로 늘려 지었지. 얼마나 컸냐면, 당시 이 지역의 사람들이 다 들어가고도 남을 만큼이었어. 그렇게 큰 신전을 지으려면 이 지역의 물자와 사람들만으로는 힘들었을 것 같구나. 그래서 다른 지역에서 물자와 노동력을 끌어와 신전을 짓고, 다른 지역 사람들도 이 신전에 와서 제사를 지낸 게 아닌가 하고 추측한단다. 즉, 차빈 문화가 안데스 산지에 널리 퍼져, 종교뿐만 아니라 문화 등 여러 분야에서 영향을 끼쳤다고 짐작하는 거야.

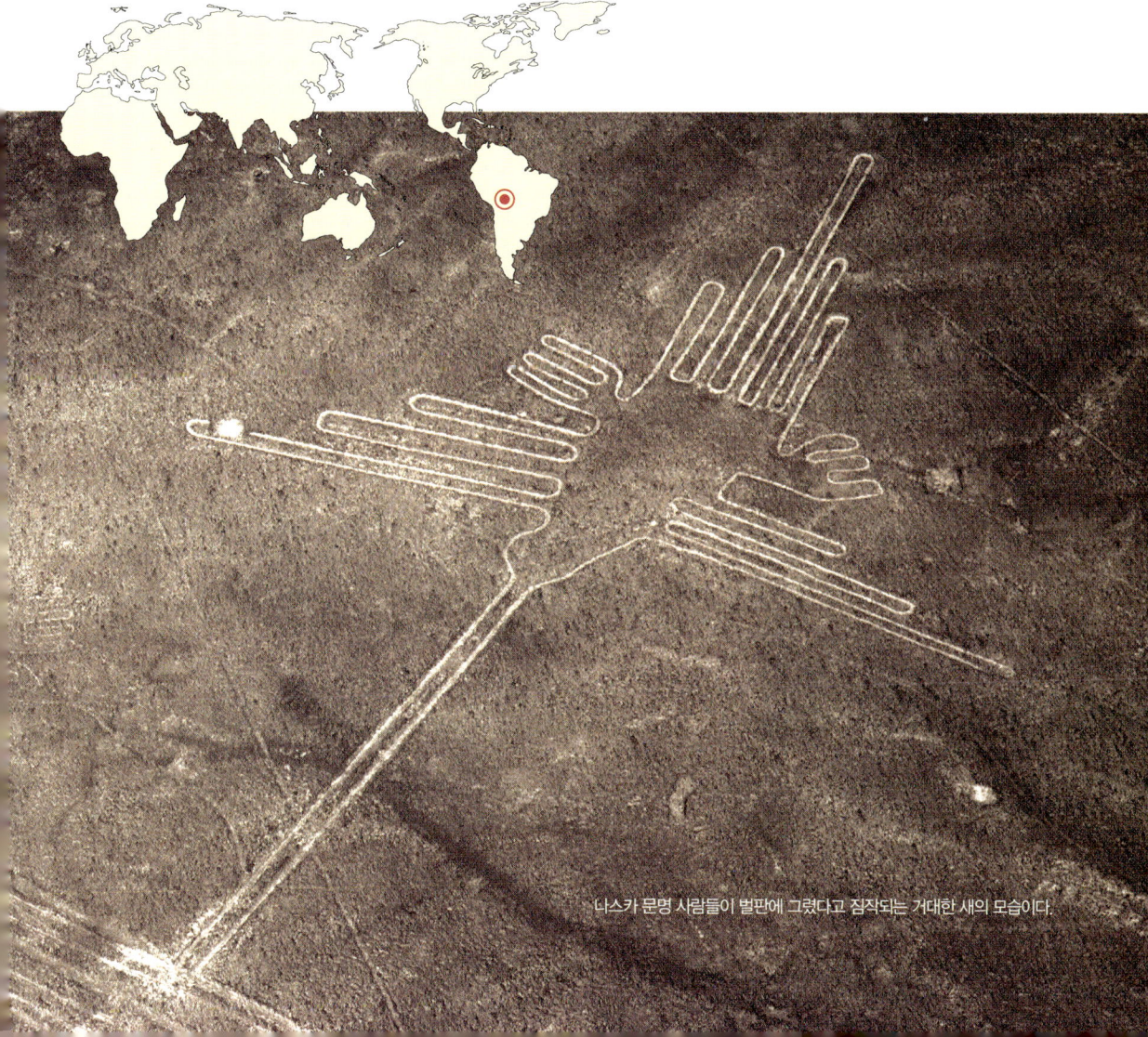

나스카 문명 사람들이 벌판에 그렸다고 짐작되는 거대한 새의 모습이다.

차빈 문화는 안데스 산지의 통일된 문화를 이끌다가 쇠퇴했단다. 그 뒤로 각 지역에서는 나스카 문화, 모체 문화, 레쿠아이 문화, 리마 문화, 우아르페 문화, 티아우아나코 문화 등 독특한 문화가 800년가량 발전했어. 그 가운데 나스카 문화와 모체 문화에 대해 살펴보자꾸나.

나스카 사람들은 기원전 200년 무렵부터 오늘날의 페루 남부의 비가 거의 오지 않는 해안 평야에서 마을을 이루고 살았어. 그들은 농사를 짓기 위해 물길과 저수지를 만들었고, 사탕수수를 엮고 진흙을 발라서 만든 집에서 살았단다. 특히 나스카 사람들은 땅에 커다란 그림을 남긴 것으로 유명해. 그들은 벌새, 고래, 거미 같은 동물과 직사각형, 삼각형, 사다리꼴 등의 도형들을 그렸어. 그들이 왜 이런 그림을 그렸는지, 어떻게 그렸는지에 대해서는 정확하게 알려진 것이 없단다.

농사짓는 모습을 그린 나스카 문화의 물병이다.

모체 문화는 나스카 문화와 거의 엇비슷한 시기에 남아메리카 북쪽 해안에서 발달했어. 모체 사람들은 자기네가 살던 모습을 토기에 새겼어. 토기를 보면 그들이 어떤 생활 용품과 장신구, 무기를 썼는지, 전쟁과 놀이 문화는 어땠는지를 알 수 있어. 그런가 하면 귀족과 노예 등으로 계층이 나뉘었다는 것도 알 수 있단다. 전쟁이 많아 전사 계급이 생겼고, 전쟁에서 잡아 온 포로를 제물로 바쳤다는 것도 토기에 나타나 있어.

모체 사람들은 거푸집을 이용해 토기를 대량으로 만들었단다. 중앙의 토기 제작소에서는 거푸집을 만들어 각 지방에 보내고, 그림의 내용은 물론 색깔까지 엄격하게 규제했단다. 그래서 토기의 그림을 분석해 보면 그림의 내용이 20여 가지밖에 되지 않아. 또 이들은 금, 은, 구리, 합금 등으로 장신구를 만들었어. 용접 기술도 지녔으며, 나무와 뼈, 조개껍데기, 터키석 등을 다루는 솜씨도 뛰어났지.

모체 사람들은 영토를 넓혀 북쪽의 피우라 강에서 남쪽의 와르메이 강까지 뻗어 나갔어. 또 해안가의 섬들도 정복했는데, 그것은 물새들의 똥인 구아노를 확보하기 위해서였어. 웬 새똥이냐고? 구아노는 당시 '기적의 비료'라고 불렸어. 구아노를 이용해 땅을 기름지게 만들면 생산량이 크게 늘었지. 비료를 이용할 만큼 모체 문화의 농업 기술은 수준이 높았단다.

모체 사람들이 만든 사람 인형이다. 모체 사람들은 나무, 뼈, 돌 등을 다루는 솜씨가 뛰어났다.

이처럼 안데스 사람들은 높은 수준의 문명을 일구며 살았어. 히지민 그 흔적을 몇 조각 남기지 않아서 더 궁금하게 만드는구나. 언젠가는 많은 유물과 유적이 발견되고, 더 자세히 알 수 있는 날이 오겠지.

| 와리 왕국과 치무 왕국이 등장하다 |

앞에서 안데스 산지의 문명들을 훑어보았어. 그 문명들이 없어진 뒤로 이곳에는 왕국이 등장한단다. 와리 왕국과 치무 왕국으로 함께 떠나 볼까?

와리 사람이 쓰던 모자 유물이다.

와리 왕국은 8세기 이후에 등장했는데, '페루 최초의 정복 국가'라고 일컬어져. 와리 왕국 사람들은 농사를 지어 먹고살았는데, 농경지가 독특하게도 계단처럼 생겼어. 계단식 농경*지는 만들기는 어렵지만, 일단 만들어 놓으면 홍수나 가뭄이 닥쳐도 피해가 적었단다. 이 덕분에 와리 왕국은 경제적으로 안정되었고, 번영할 수 있었어.

와리 왕국 사람들은 도시 전체를 높은 담으로 둘러싸고, 그 안에도 담을 쌓아 여러 개의 구역으로 나누었지. 그 안에서는 2~3만 명쯤 되는 사람들이 모여 살았던 것 같아. 당시로서는 꽤 큰 도시였지.

하지만 와리 왕국은 1000년 무렵부터 기울더니, 12세기쯤에

계단식 농경*
비탈을 따라 땅을 계단처럼 다듬고 농사를 짓는 것이다. 평지가 별로 없는 지역에서 자연환경을 극복해 식량을 얻는 방법이다. 우리나라를 비롯한 동아시아와 필리핀, 이탈리아 등에서도 계단식 농경을 많이 했다.

치무 왕국의 수도인 찬찬의 성벽을 재현한 것이다. 찬찬은 정사각형으로 된 9개의 대구역으로 나뉘었는데, 각각의 대구역은 12미터 정도의 높은 벽으로 둘러싸여 있었다. 그 안에 신전, 광장, 통로 등이 있었다. 왼쪽 사진은 대구역을 둘러싼 벽이고, 오른쪽은 그 안에 있던 건물들이다.

는 무너지고 말았어. 그 뒤 와리 왕국이 차지했던 지역에는 정치와 문화가 발달한 소왕국들이 생겨났단다. 이 가운데 치무 왕국이 가장 힘이 셌어.

치무 왕국은 이집트나 메소포타미아 문명처럼 강을 중심으로 수리 시설을 만들었어. 정부는 수리 시설을 관리하면서 중앙집권 체제로 들어설 수 있었어.

치무 왕국의 수도는 찬찬이었어. 찬찬 유적지의 넓이는 36제곱킬로미터가량 된단다. 궁전과 작은 건물들이 있는 도시 중심부는 6제곱킬로미터에 달하지. 도시는 정사각형의 9개 대구역으로 나뉘어. 각각의 대구역은 12미터 정도의 높은 벽으로 둘러싸였고, 그곳에는 신전, 광장, 통로, 저수지, 정원, 묘지 등이 있었지. 이 모든 건축물들이 흙벽돌로 만들어졌단다. 한창 번영하던 시절에 찬찬에는 5만~10만 명가량이 살았다고 해. 당시 남아메리카 도시 가운데 가장 큰 규모였어.

정복으로 힘을 키운 나라들이 대부분 그렇듯, 치무 왕국에도 신분 체계가 엄격했어. 신분에 따라 사는 곳도 달랐지. 왕과 그 일족들은 높은 담으로 둘러싸인 궁

치무 사람이 만든 사람 모양의 황금 조각이다.

전 안에 살았어. 귀족들은 왕궁보다 작은 건물에서 살았고, 기술자들은 도시 변두리에서 살았지. 한편, 농민들은 도시 안에서 살 수 없었단다.

치무 왕국의 대표적인 예술품으로 반달 모양의 칼 투미가 있어. 거기에는 그들의 시조인 라임랍이 새겨져 있지. 또 검고 윤이 나는 사각형 몸통의 토기도 있단다. 금속 공예품을 만드는 치무의 장인들은 솜씨가 매우 뛰어났어. 그들은 금, 은, 청동 등의 금속으로 귀고리, 잔, 큰 잔, 거울 등을 만들었지. 치무 사람들은 금가루와 보석의 무게를 재는 저울을 발명할 정도로 독창적이었어.

치무 왕국은 점차 영토를 넓혀 가서 남아메리카 태평양 연안의 남북으로 1200킬로미터에 걸친 지역을 지배했단다. 그리고 15세기 무렵에는 주변 소왕국들을 점령하고 사막을 기름진 땅으로 바꾸었지. 이렇게 승승장구하던 치무 왕국은 고산지대를 중심으로 영토를 확장하던 잉카 제국과 충돌했단다.

결과가 궁금하다고? 잉카 제국이 승리해서, 치무 왕국은 무너지고 말았어. 이후 잉카 제국은 안데스 산지 전체를 지배하는 대제국이 되었지.

클릭! 역사 속으로
나스카 거대 그림의 비밀

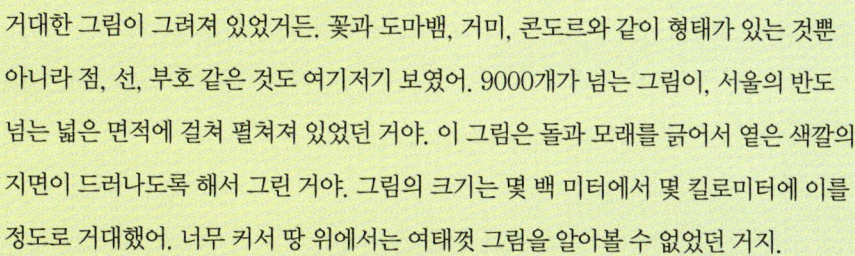

"저 아래, 저게 뭐야?"
"무슨 그림 같은데?"

1939년, 페루 남부의 나스카 지역을 날고 있던 비행사들은 땅을 내려다보고 깜짝 놀랐어. 땅 위에 아주 거대한 그림이 그려져 있었거든. 꽃과 도마뱀, 거미, 콘도르와 같이 형태가 있는 것뿐 아니라 점, 선, 부호 같은 것도 여기저기 보였어. 9000개가 넘는 그림이, 서울의 반도 넘는 넓은 면적에 걸쳐 펼쳐져 있었던 거야. 이 그림은 돌과 모래를 긁어서 옅은 색깔의 지면이 드러나도록 해서 그린 거야. 그림의 크기는 몇 백 미터에서 몇 킬로미터에 이를 정도로 거대했어. 너무 커서 땅 위에서는 여태껏 그림을 알아볼 수 없었던 거지.

도대체 누가, 왜, 어떻게 이런 그림을 그린 걸까? 나스카의 그림이 세상에 드러난 뒤로 많은 학자들이 이 문제를 풀기 위해 나섰어. 그러나 아직까지 모두가 고개를 끄덕일 만한 답은 나오지 않았단다.

학자들은 이 그림들이 1세기부터 8세기까지, 약 700년에 걸쳐 그려진 거라고 짐작하고 있어. 남아메리카에서 문명을 일구고 살았던 나스카 사람들의 작품이라는 거지. 1300년이 가깝도록 이 그림들이 남아 있을 수 있었던 것은, 이곳이 비가 거의 내리지 않고, 바람도 안 부는 사막이라 가능했던 거야. 왜 그렸는가에 대해서는 천문 달력이라는 주장부터 외계인이 만들었다는 주장까지 다양해.

나스카 문명은 남아메리카에 있던 여러 문명 가운데 하나야. 잉카 제국이 들어서기 전에 남아메리카에는 치무 문명을 비롯해, 차빈, 파라카스, 와리 같은 여러 문명이 생겨 저마다 독특한 토기와 장식품을 남겨 놓았어. 이 문명들에 대한 기록은 거의 남아 있지 않아. 하지만 남겨진 물건들과 거대한 그림을 보면 뛰어난 기술과 측량술이 있었다는 것을 알 수 있단다. 남아메리카에는 훌륭한 문명이 여럿 있었던 거야.

열린 문명, 닫힌 문명

인류 최초로 아메리카에 건너갔던 사람이 살던 모습은 아시아와 유럽, 아프리카 사람들이 사는 모습과 크게 다르지 않았을 거야. 그러나 기원후 1000년쯤이 되면 아메리카 사람들이 사는 모습은 다른 곳과 많이 달라졌단다. 무엇이 이들을 다르게 만들었을까?

아시아와 유럽, 아프리카 사람들은 서로 자주 오갔어. 한 문화권에서 쓰기 편리한 도구를 만들면, 그것은 교역로를 따라 다른 문화권으로 전해졌어. 도구뿐 아니라 철학,

열린 문명
- 교역로를 통해 서로의 교류가 일찍부터 발달했다.
- 전쟁, 사람의 이동, 선교 등을 통해 문명 간의 접촉이 잦았다.
- 나라의 등장과 몰락이 빠르게 이루어졌다.
- 문명권의 규모가 시간이 갈수록 커졌다.
- 쌓이는 정보와 기술이 아주 빠르게 늘었다.

종교, 예술, 음식 등등을 주고받았지. 그러다 보니 아시아와 유럽, 아프리카의 문명은 점점 성장해 갔어.

그러나 아메리카는 바다에 가로막혀 아시아나 유럽, 아프리카 사람들과 문화를 주고받지 못했어. 심지어 아메리카 사람들끼리도 왕래가 거의 없었어. 아메리카 사람들은 넓은 땅 곳곳에 뜨문뜨문 흩어져서, 외떨어진 삶을 살았어. 마야 문명 사람들이 아무리 뛰어난 달력을 만들었어도, 다른 사람들에게는 알려지지 않았지. 그 때문에 아메리카의 문명은 더디게 발전했단다. 문명은 많은 사람이 복작대고 부딪치며 잘살아보려고 경쟁하는 가운데 발전하거든.

아시아와 유럽, 아프리카의 문명은 '열린 문명'이라고 부를 수 있어. 그에 반해 아메리카의 문명은 다른 대륙과 교류가 거의 없던 '닫힌 문명'이라고 할 수 있단다.

닫힌 문명
- 다른 대륙과의 교역이 거의 이루어지지 않았다.
- 문명 간의 접촉이 아주 단순하게 이루어졌다.
- 나라들 사이의 경쟁이 치열하지 않았다.
- 시간이 지나도 문명권의 규모가 크게 달라지지 않았다.
- 축적되는 정보와 기술이 급격하게 늘지 않았다.
- 인구의 이동이 쉽게 이루어지지 않았다.

비단길의 역사

기원전 3000년 무렵 중국에서 비단을 생산하기 시작하다.

기원전 138년~기원전 125년 한의 장건이 외교 사절로 서역을 방문하다.

기원전 100년 무렵 인도양 계절풍을 항해에 이용하다.

기원전 50년 무렵 로마에 비단이 들어오고, 귀족들 사이에 인기를 끌다.

100년 불교가 비단길을 따라 인도에서 중앙아시아로 퍼지다.

226년 대진국(로마)의 사신이 중국에 도착하다.

399~414년 법현이 인도를 방문하고 중국으로 돌아오다.

6세기 말 비단 생산 기술이 비잔티움 제국에 전해지다.

629~645년 중국 당의 현장이 중앙아시아와 인도를 순례하다.

638년 크리스트 교 선교사가 중국에 도착해 크리스트 교를 퍼뜨리다.

7세기~8세기 비단길이 가장 번영을 누리다.

8세기 무렵 아랍 상인들이 바다 비단길을 누비기 시작하다.

8세기 초 신라의 혜초가 6년여에 걸쳐 인도를 방문하고 중국으로 돌아오다.

9세기~10세기 중국의 화약, 나침반, 종이 만드는 기술들이 이슬람 세계로 전해지다.

200~500년

아시아

184년 한에서 황건적의 난이 일어나다.
220년 한이 멸망하고, 삼국 시대가 시작되다.
226년 사산조 페르시아가 건국되다.
304년 중국에서 5호 16국 시대가 시작되다.
320년 인도 북부에서 굽타 제국이 세워지다.
350년쯤 훈 족이 인도를 침략하기 시작하다.
386년 선비가 북위를 건국하다.
400년쯤 훈 족이 사산조 페르시아를 침략하다.
420년 남북조 시대가 시작되다.
480년쯤 굽타 제국이 무너지기 시작하다.

유럽

235년 로마에서 군인 황제 시대가 시작되다.
375년쯤 게르만 족의 대이동이 시작되다.
392년 로마가 크리스트 교를 국교로 인정하다.
455년 훈 제국의 아틸라가 서유럽을 공격하다.
476년 서로마 제국이 멸망하다.
497년 클로비스 1세가 크리스트 교로 개종하다.

아프리카

200년쯤 낙타가 사하라 사막 교역에 이용되다.
200~900년쯤 반투 족이 아프리카 곳곳으로 퍼져 나가다.
300년쯤 악숨 왕국이 크리스트 교를 받아들이다.
400년쯤 서부 아프리카에서 가나 왕국이 건국되다.

아메리카

200년쯤 북아메리카에 호프웰 문화가 발달하다.
200~600년 남아메리카에서 나스카 문명이 발달하다.

| 500~700년 | 700~800년 | 800~1000년 |

552년 돌궐 제국이 세워지다.
589년 수가 중국을 통일하다.
610년 무함마드가 이슬람 교를 창시하다.
610년 수가 대운하를 완공하다.
618년 이연(고조)이 당을 건국하다.
629년 당의 승려 현장이 인도 여행길에 오르다.
645년 일본에서 다이카 개신을 실시하다.
661년 우마이야 제국이 세워지다.
668년 신라가 한반도를 통일하다
698년 발해가 세워지다.
710년 일본이 수도를 나라로 옮기다 (나라 시대).

744년 위구르가 돌궐 제국을 무너뜨리다.
750년 아바스 제국이 등장하다.
751년 당과 이슬람 제국이 탈라스에서 싸우다.
755년 낭에서 안사의 난이 일어나다.
794년 일본이 수도를 헤이안으로 옮기다(헤이안 시대).

875년 당에서 황소의 난이 일어나다.
890년 동남아시아의 크메르 제국이 앙코르를 수도로 삼다.
907년 5대 10국 시대가 시작되다.

527년 유스티니아누스 황제가 비잔티움 제국을 다스리기 시작하다.
529년 베네딕투스가 수도원을 만들다.
688년 카롤링거 가문이 프랑크 왕국의 권력을 쥐다.

732년 프랑크 왕국이 투르푸아티에에서 이슬람 군대의 공격을 물리치다.
756년 이베리아 반도에 후우마이야 제국이 세워지다
768년 카롤루스가 프랑크 왕국의 왕이 되다.
787년쯤 바이킹이 영국을 침략하다.
800년 카롤루스가 서로마 제국 황제가 되다.

843년 프랑크 왕국이 셋으로 분열하다.
862년 루리크가 노브고로트공국을 건국하다.
863년 키릴로스와 메도디오스가 키릴 문자를 만들다.
882년 올레크 대공이 키예프 공국을 건국하다.
911년 노르만 족이 노르망디 공국을 건국하다.

641년 이슬람 군대가 북아프리카를 정복하기 시작하다.
650년쯤 아프리카에서 철기의 사용이 늘다.
700년쯤 서아프리카 가나 제국이 교역으로 번영을 누리다.

700~800년쯤 이슬람 세력이 북아프리카를 휩쓸다.
700년쯤 무슬림 상인들이 아프리카에서 노예 무역을 하다.
800년쯤 사하라 교역망이 확대되다.

900년쯤 무슬림 상인들이 가나 왕국에 머물러 살다.
909년 북아프리카에서 파티마 왕국이 성립하다.
950년쯤 아프리카 짐바브웨에 문명이 발달하다.
1000년쯤 가나의 상업 도시 팀북투가 세워지다.

550년쯤 마야 문명이 전성기를 누리다.

700년쯤 북아메리카 아나사지 족이 푸에블로에 거대한 진흙 벽돌 집을 짓다.
700년쯤 남아메리카에서 모체 문화가 쇠퇴하다.

800쯤 북아메리카에 미시시피 문화가 발달하기 시작하다.
1000년쯤 바이킹이 북아메리카 해안에 도착하다.

찾아보기

ㄱ

가나 124
가나 왕국 150
가한 93
갈 18, 24
갈리아 37
게르만 족 19, 34, 44
계단식 농경 196
고구려 90
과거 제도 89
광개토왕 90
구르 왕국 141
구마라습 32
구아노 195
국풍 문화 124
굽타 제국 46
기사 168
기사도 정신 169

ㄴ

나라 시대 98
나스카 문화 194
낙타 149
난징 25
남북조 시대 27
남조 27
남존여비 96
노르망디 167
노스만 165
노자 30
농경민 11
니제르 강 148

ㄷ

다마스쿠스 80, 84
달마 32
당 91
당삼채 116
대승 불교 32
대운하 90
대조영 97
대화 98
도나우 강 34
도자기 139
돌궐 93, 115
돌궐 제국 100
동고트 족 19, 36
동남아시아 144

동시 121
동진 25
두보 115
등자 11
디오클레티아누스 60

ㄹ

라마단 79
「라마야나」 50
러시아 167
령 92
로마 10
『로마법대전』 63
로마의 호수 63
르네상스 72

ㅁ

마야 182
마우리아 제국 46
「마하바라타」 50
말리 왕국 150
메디나 76
메소포타미아 74
메카 75

모체 문화 194
모피의 길 123
무아위야 80
무슬림 75
무측천 93
무함마드 75, 132
문제 88

ㅂ
바그다드 118, 128, 135,
바이킹 164
반달 족 37
반투 어 155
반투 족 155
발해 97, 122
백단향 145
베네딕투스 수도원 43
보로부두르 사원 146
부르군드 족 37
부민 100
부하라 103
북위 26
북조 26
브라만 교 53

비단 62, 74, 103
비단길 115
비슈누 54
비잔티움 60
비잔티움 예술 64, 74, 79, 129, 158

ㅅ
사산조 페르시아 70, 74, 79
사하라 사막 149
삼각돛 140
삼국 시대 16
삼채 116
색슨 족 37
샤일렌드라 왕국 145
샤푸르 1세 71
서고트 왕국 63, 80
서로마 제국 19
서시 121
석굴암 97
선비 19
선우 17
소그드 상인 104
송가이 왕국 150

수 88
수니파 80
수도원 42
수표 129
스리위자야 왕국 145
스와힐리 어 153
슬라브 족 160
시아파 80
시크 교 52
「신드바드의 모험」 131, 138
신라 97, 122
신라도 122
신선술 31
신용장 129

ㅇ
아라베스크 131
『아라비안나이트』 131
아랍 어 140
아리아바타 51
아바스 제국 126
아바스 가문 81, 126, 134
아부 바크르 79
아서 왕 45

아소카 왕 53
아스텍 제국 184, 190
아시리아 61
아잔타 석굴 51
아틸라 20
아파치 족 180
아프가니스탄 141
악숨 왕국 151
안녹산 106
안데스 192
안데스 고원 176
알 마문 131
알라 53, 75
알렉산드로스 제국 61
「알리바바와 40명의 도적」 131
알함브라 궁전 136
앵글 족 37
야스리브 76
에티오피아 151
에프탈 49
영주 41, 168
오도아케르 37
오아시스 103
5호 16국 25

옥수수 185
올멕 182
올멕 문명 177
와리 왕국 195
우마르 79
우마이야 제국 80
우마이야 가문 80, 134
원효 97
위구르 105
위구르 제국 105
유가 사상 30
유목민 10, 88
유스티니아누스 황제 63, 65
유연 17
율 92
율령 국가 97
율령격식 92
음양오행설 31
의상 97
이백 114
이세민 91
이연 91
이베리아 반도 134
이븐 시나 103

이슬람 교 74, 75, 133, 151
인도 141
일릭 카간 100
일본 97
잉카 제국 184

ⓒ ㅈ

자와 섬 145
자이나 교 52
장뇌 145
장보고 123
장안 117
장원 41
저 18
정주 문명 10
종교 예술 64
종사 제도 41
지혜의 집 131

ⓒ ㅊ

청해진 123

ⓒ ㅋ

카간 93

카롤루스 황제 127, 162

카바 76

카스트 제도 53

카탈라우눔 20

카호키아 179

칼리프 78

코르도바 135

콘스탄티노플 60, 118, 128

콘스탄티누스 60

콜럼버스 123

『쿠란』 78, 130, 132

크리스트 교 151

클로비스 38

키릴 문자 160

키릴로스 160

키예프 공국 167

ⓣ

태종 91

탱그리카간 93

테오티와칸 182

테오티와칸 문명 177

토번 106

톨테카 182

투르크 100

투르크 사람 141

티피 180

ⓟ

파르티아 70

파문 40

파탈리푸트라 47

팔라바 왕국 142

팔렘방 145

8왕의 난 17

푸난 왕국 144

푸에블로 원주민 180

프랑크 왕국 38, 127, 161

프랑크 족 37

피핀 161

ⓗ

하기야 소피아 성당 63

『하디스』 78

하룬 알 라시드 127

한족 18, 88

향신료 62, 129

헤이안 시대 124

헬레니즘 문화 65, 131

혜초 123

호건 180

호스로우 1세 71

호족 18

호풍 104

호프웰 문화 178

호한 문화 29

홍해 75

황건적의 난 16

황금의 나라 150

효문제 27

훈 족 14, 19, 36

흉노 12

히즈라 76

힌두 교 52

히누 문화 54

그림
서영아 님은 본문 그림을 그렸고, 김수현 님은 '클릭! 역사속으로', '아, 그렇구나!' 의 그림을 그렸습니다.

사진 제공
(주)유로포토 서비스, 브릿지먼(The Bridgeman Art Library), 유로포토, 탑포토(TopPhoto), 유로포토, AAA(Ancient Art & Architecture Collection), 유로포토, 차이나 포토 프레스(China Foto Press), 유로포토, 이미지차이나(Imaginchina), 유로포토, 파노라마(Panorama Stock Photo), 유로포토, 인터포토(Interfoto) (주)토픽포토에이전시, 코비스(Corbis), 레씽(Erich Lessing Cultur and Fine arts Arcives)

※ 맞춤법, 띄어쓰기는 국립국어원에서 펴낸 『표준국어대사전』을 기준으로 삼았습니다. 단, 역사 용어와 띄어쓰기는 교육인적자원부가 펴낸 『교과서편수자료』를 기준으로 했습니다.
※ 외국 인명, 지명은 국립국어원의 『외래어 표기 용례집』을 따랐습니다. 단, 『외래어 표기 용례집』에 나오지 않는 인명, 지명은 현지음에 가깝게 적었습니다. 또 중국 인명은 신해혁명(1910년)을 기점으로 한자음과 현지음으로 나누었고, 중국 지명 중 현재 남아 있는 지명은 현지음, 없어진 지명은 한자음을 따랐습니다.